Lidera, Inspira y Transforma: LIT Management

Lidera, Inspira y Transforma: LIT Management

Esther Castillo Alvaro,
Eva Viedma
y Jaume Gurt

Círculo Rojo
EDITORIAL

Primera edición: abril de 2025

Depósito legal: AL 4350-2025

ISBN: 979-13-7008-638-1

Impresión y encuadernación: Editorial Círculo Rojo

© Del texto: Esther Castillo Alvaro, Eva Viedma y Jaume Gurt
© Maquetación y diseño: Equipo de Editorial Círculo Rojo

Editorial Círculo Rojo
www.editorialcirculorojo.com
info@editorialcirculorojo.com

Impreso en España — Printed in Spain

Índice

Introducción

Imagina ser parte de un mundo en el que el liderazgo va más allá de la gestión convencional, un mundo en el que los líderes no solo persiguen objetivos financieros, sino que tienen la capacidad de inspirar, conectar y acompañar a sus equipos en un camino de desarrollo auténtico. Un liderazgo que se convierte en el motor para alcanzar la excelencia no solo a nivel profesional, sino también a nivel humano.

Nos encontramos en un mundo que exige flexibilidad, empatía, visión y valentía. Las organizaciones enfrentan entornos cada vez más volátiles e inciertos, las estructuras sociales y económicas están en proceso de cambio y la tecnología... —¡qué decir del ritmo de avance que lleva la tecnología!— va a una velocidad de avance para la que los humanos no estamos preparados.

En este contexto, el liderazgo tradicional, basado en la estabilidad y el control, ya no es suficiente. Las antiguas fórmulas de liderazgo no funcionan en un entorno marcado por la incertidumbre y la complejidad.

Para prosperar en este mundo cambiante, necesitamos un nuevo enfoque de liderazgo: uno que sea adaptativo, flexible y capaz de enfrentar los desafíos con agilidad y resiliencia. El liderazgo humanista integra humanidad y propósito en cada decisión, reconociendo que el verdadero éxito no se mide solo en resultados financieros, sino en el impacto positivo que dejamos en las personas y en la organización.

Este libro es una guía para ese tipo de liderazgo, un liderazgo humanista que pone en el centro a las personas y su experiencia. A lo largo de estas páginas, descubrirás cómo un líder con propósito, relaciones sólidas, empatía y escucha activa puede crear un impacto duradero en las personas y en la organización, generando entornos donde los empleados se sientan valorados y motivados a ser la mejor versión de sí mismos.

La experiencia de empleado humanista que hemos creado es más que un conjunto de estrategias; es una filosofía que transforma la forma en la que nos relacionamos con nuestros equipos, las decisiones que tomamos y, en última instancia, el legado que dejamos. Este viaje humanista reconoce y pone en el centro lo humano: la empatía, la autenticidad y la conexión. Este recorrido no solo busca resultados visibles, sino que pretende dejar una impronta humana que inspire a otros. La esencia de este viaje radica en crear relaciones profundas y auténticas que se sostengan en el tiempo, en formar una comunidad cohesionada y comprometida con valores compartidos que reflejen lo mejor de nosotros mismos.

En cada capítulo, encontrarás herramientas prácticas, reflexiones profundas y ejemplos inspiradores que te ayudarán a convertirte en el líder que tus equipos necesitan.

Te invitamos a embarcarte en este viaje. A dejar atrás el miedo al cambio y a adoptar una mentalidad de crecimiento, a cuestionar las formas tradicionales de liderar y abrazar un enfoque donde la humanidad y la efectividad se potencien mutuamente. Porque el verdadero liderazgo no se mide solo en resultados, sino en el impacto positivo y la presencia que dejamos en las vidas que tocamos. Al terminar este libro, no solo habrás aprendido un nuevo modelo de liderazgo, sino que habrás dado los primeros pasos para materializarlo, llevando la transformación desde las páginas hasta la práctica.

Bienvenido a un nuevo paradigma. Bienvenido al liderazgo humanista. Bienvenido a **LIT Management**.

PARTE I:
EL CONTEXTO DEL CAMBIO Y EL LIDERAZGO ADAPTATIVO

Estamos en una era de transformaciones sin precedentes. En este panorama, el liderazgo tradicional, centrado en la estabilidad y el control, ya no resulta suficiente. Para poder prosperar en un mundo marcado por la volatilidad, la incertidumbre, la complejidad y la ambigüedad (VUCA), así como por la fragilidad, la ansiedad, la no linealidad y lo incomprensible (BANI), se necesita una nueva manera de liderar. Un liderazgo que sea adaptativo, flexible y capaz de enfrentar estos desafíos con la agilidad y la resiliencia que el presente exige.

En esta primera parte del libro, te adentraremos en una comprensión más profunda de las fuerzas que están transformando nuestro mundo y cómo puedes convertirte en un líder que no solo se adapte, sino que prospere en este entorno en constante cambio. Abordaremos conceptos clave como la naturaleza del cambio, así como los modelos VUCA y BANI, y cómo influyen en la manera en que gestionamos tanto a las personas como a las organizaciones.

Pero ¿qué es lo que realmente permite a un líder prosperar en este nuevo contexto? Aquí es donde entra en juego el Cociente de Adaptabilidad (AQ). En las siguientes páginas te explicaremos de qué se trata.

CAPÍTULO 1:
LO ÚNICO PERMANENTE ES EL CAMBIO

¿Qué descubrirás aquí?

- **La naturaleza del cambio**

- **Referencias a VUCA y BANI**

- **Emergencia de una nueva forma de liderar**

¿Crees que un líder hoy puede permitirse el lujo de ser espectador pasivo de cómo la sociedad pide un nuevo estilo de gestión y cómo la tecnología entra por todos los rincones de los procesos en las organizaciones? No, ¿verdad? En un mundo donde todo cambia, quienes logran adaptarse se convierten en los verdaderos protagonistas de la historia.

Hay que aprender a surfear las olas de la incertidumbre, hay que aprender a ver en cada crisis una oportunidad y en cada cambio un desafío que nos impulse a ser mejores. Este capítulo te invita a cuestionar tus propias percepciones sobre el cambio, a dejar de temerlo y a empezar a abrazarlo como un motor de crecimiento.

Es momento de empezar a dejar atrás el miedo a lo desconocido y convertirte en un líder que transforma la incertidumbre en un trampolín hacia el éxito. El cambio es inevitable, pero cómo respondes a él depende de ti. No es momento de quedarse en el banquillo pensando qué hacer. Es momento de salir al terreno de juego y ponerse en acción. El tiempo apremia. La transformación social y tecnológica no espera. No te quedes atrás. Cambia tu discurso, mira a tu alrededor con nuevos ojos, permite que la curiosidad sea tu guía en este nuevo camino.

> *La verdadera estabilidad no proviene de evitar el cambio, sino de aprender a fluir con él.*

La naturaleza del cambio

El cambio es la única constante en nuestras vidas. Desde que hace más de 2.500 años Heráclito enunció la famosa frase "Lo único permanente es el cambio", ha sido una verdad ineludible en el ámbito personal, social y empresarial. En la naturaleza y en la vida humana, todo está en movimiento. A nivel biológico, nuestras células se renuevan constantemente; a nivel social, las civilizaciones han avanzado gracias a la capacidad de adaptarse a las transformaciones de su entorno.

La vida es movimiento. El cambio es inherente a la vida. Todo lo que está vivo cambia, se mueve, evoluciona. Tanto a escala microscópica, las células de tu cuerpo están cambiando en este mismo instante, como a escala mayor, la evolución de las especies, del universo y la reorganización de la materia.

Diferentes corrientes ancestrales se nutren a lo largo de la historia de la idea de impermanencia. El budismo lo llama Anicca, el taoísmo habla del flujo constante que impulsa la vida y el hinduismo del concepto de Maya. Desde que Heráclito acuñara aquella famosa frase, esta máxima sigue siendo cierta, pero nunca antes el cambio se había manifestado con tanta contundencia en el día a día de nuestra sociedad como en las últimas décadas.

Es innegable que el cambio nos ha permitido evolucionar como humanidad. Históricamente han ocurrido varias revoluciones industriales que han cambiado la forma de entender y funcionar del mundo. La primera a finales del siglo XVIII con la energía hidráulica y de vapor que mecaniza la producción y fomenta la expansión con los primeros trenes. La segunda a finales del siglo XIX con el uso generalizado de la electricidad y la adopción del motor de combustión que permite escalar la producción. Desde mediados del siglo XX con los sistemas electrónicos y sistemas tecnológicos, aumenta el intercambio de información y se expande la comunicación. La última, desde finales del siglo XX hasta el día de hoy, donde la robotización, la inteligencia artificial y la automatización de los sistemas forman parte integrante de nuestro día a día.

El cambio ha traído prosperidad e innovación a nuestra sociedad. Si lo pensamos, lógicamente sabemos que el cambio en sí no es un problema, ¿por qué entonces nos asusta tanto? En realidad, la verdadera dificultad está en la rapidez con la que se produce. Los cambios entre los siglos XVIII y XX han sido suficientemente espaciados en el tiempo para permitir a la industria, a las personas y a las organizaciones adaptarse. El reto actual es que el cambio se produce a tal velocidad exponencial, que la curva de aprendizaje no consigue estabilizarse y antes de tener integrado un escalón aparece otro. Esto es, principalmente, lo que está produciendo grandes resistencias en muchas personas, especialmente en las antiguas generaciones, y agregando tanta dificultad en la adaptación al cambio.

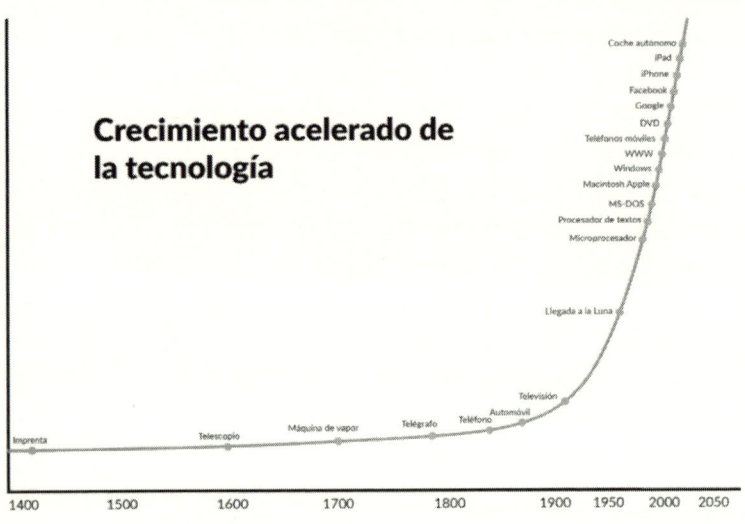

Crecimiento acelerado de la tecnología

Entender el contexto actual

> *No son los más fuertes ni los más inteligentes los que sobreviven, sino los que mejor se adaptan al medio.*
> *Charles Darwin (1809-1882).*

Las organizaciones han tenido que realizar adaptaciones significativas para hacer frente a los cambios rápidos y profundos de las últimas décadas. Estas adaptaciones han abarcado diversos aspectos, desde la tecnología hasta la cultura organizativa.

Los líderes empresariales desempeñan un papel esencial en la preparación y adaptación de las organizaciones a los cambios significativos que se han producido y se producirán en el futuro próximo. Al centrarse en aspectos como la gestión de la diversidad, el desarrollo de habilidades, la experiencia del empleado y la promoción de la innovación, pueden liderar la transformación necesaria para enfrentar los desafíos del mundo empresarial actual. La agilidad y la capacidad para gestionar el cambio se vuelven habilidades clave para los líderes en este contexto.

Referencias a VUCA y BANI

> *En un mundo que se transforma a cada instante, la capacidad de adaptarnos es nuestro superpoder más valioso.*

VUCA

Quizás te suene el acrónimo **VUCA: Volátil, Incierto, Complejo y Ambiguo**. Originalmente acuñado por el ejército americano en los años ochenta al final de la guerra fría, para describir el entorno geopolítico al que debían enfrentarse. Pronto este término se democratizó entre directivos y líderes para referirse a un mundo empresarial y del negocio en pleno cambio.

VOLÁTIL: en matemáticas, la volatilidad mide la frecuencia e intensidad con la que cambia un factor en relación a la media, es decir, la desviación estándar de dicho factor en un horizonte temporal.

Acostumbrados a la forma lineal en la que venían ocurriendo los cambios en nuestra sociedad, vivíamos de repente cambios más agudos, más rápidos y más alejados de lo conocido. El Brexit, revoluciones en Europa del Este, el cambio climático, la guerra económica entre las grandes potencias, etc.

INCIERTO: en el mundo de la economía en el que evolucioné la primera parte de mi carrera, aprendí que una de las cosas que más perturbaba los mercados era la incertidumbre. Antes de que tal o cual cifra económica fuera anunciada los mercados se mostraban inestables, nerviosos y erráticos. El verdadero movimiento al alza o a la baja se producía una vez la cifra esperada salía a la luz.

La incertidumbre te impide realmente tomar una decisión, avanzar, tomar acción. Este entorno cambiante y la velocidad a la que acontecía nos pillaban desprevenidos y hacían difícil anticipar los próximos movimientos. La incertidumbre bloquea. Hay datos que conoces, otros que puedes predecir con suficiente fiabilidad y otros que ignoras. La incertitud está en todas partes, pero los humanos tendemos a tomar decisiones teniendo el máximo de información y visibilidad posible.

COMPLEJO: moverse en un entorno donde todo cambia de forma rápida e impredecible se convierte en un ejercicio complejo. La proliferación de factores críticos rápidos e impredecibles genera una incertidumbre creciente en el entorno empresarial y dificulta la adaptación.

Las empresas se ven desafiadas al tomar decisiones estratégicas debido a la falta de predictibilidad; además, se dan cuenta de que las buenas prácticas anteriormente utilizadas ya no siempre son adecuadas. La adaptabilidad se vuelve crucial, y las organizaciones deben desarrollar capacidades ágiles para responder eficazmente a los cambios y mantener la resiliencia frente a la complejidad y la velocidad del cambio.

AMBIGÜO: con todo esto el entorno se vuelve borroso, difícil de leer, de anticipar y de tomar decisiones informadas. Sin duda, la dificultad para interpretar los acontecimientos y su impacto tienen un efecto drástico en la actividad y productividad de la organización.

En ocasiones la ambigüedad era la falta de claridad en las informaciones y acontecimientos; en otras, simplemente la información era contradictoria o incomprensible.

BANI

Para un mundo que estaba saliendo de la Guerra Fría y entrando en la era de Internet, los términos del mundo VUCA parecían correctos, las empresas necesitaban desarrollar la capacidad de adaptarse y responder de forma ágil a los cambios del entorno.

Pero el mundo se ha disparado más allá de ser "incierto" o "volátil" y VUCA ya no capta las interrupciones de la norma, sino que se convierte en la norma. En un mundo tan cambiante y acelerado este término se nos quedaba pequeño para hacer frente a una nueva realidad y necesitábamos algo nuevo.

En 2018, Jamais Cascio, futurólogo, historiador y escritor, miembro del Institute for the future, acuña el termino BANI (Brittle, Anxious, Nonlinear, Incomprehensible): Quebradizo, Ansioso, No lineal, Incomprensible, como una alternativa que refleja mejor los desafíos empresariales a los que las organizaciones y el negocio deben enfrentarse.

BANI sugiere, sobre todo, que las organizaciones deben ser más flexibles y resilientes para poder sobrevivir y prosperar en un entorno cada vez más incierto.

QUEBRADIZO: en el ámbito empresarial, la quebradiza realidad se traduce en organizaciones vulnerables a cambios aparentemente insignificantes. Las estructuras y procesos inflexibles hacen que la adaptación sea desafiante, exponiendo a las empresas a riesgos significativos. Un simple ajuste en el mercado o una interrupción en la cadena de suministro puede tener consecuencias desproporcionadas, revelando la falta de resistencia y agilidad.

ANSIOSO: la ansiedad empresarial se manifiesta en la constante inquietud derivada de la incertidumbre. La rápida evolución de tecnologías, regulaciones y expectativas del cliente crea un ambiente de nerviosismo. Las empresas se encuentran en un estado perpetuo de alerta, lidiando con la necesidad de adaptarse constantemente para mantenerse competitivas. Esta ansiedad puede afectar la toma de decisiones estratégicas, generando precaución excesiva o, al contrario, respuestas impulsivas ante cambios imprevistos.

NO LINEAL: la no linealidad en el mundo empresarial refleja la complejidad de las interacciones y relaciones. Los eventos no siguen trayectorias predecibles, lo que dificulta la planificación a largo plazo. La innovación disruptiva, las fluctuaciones del mercado y las reacciones no proporcionales a las acciones desafían las expectativas lineales. La comprensión de las dinámicas no lineales es esencial para anticipar cambios y diseñar estrategias resilientes.

INCOMPRENSIBLE: la incomprensibilidad en el entorno empresarial se manifiesta a través de la sobreabundancia de datos, la ambigüedad y la dificultad para extraer información significativa. La sobrecarga informativa puede llevar a interpretaciones erróneas o decisiones basadas en información incompleta. La adaptación a un mundo incomprensible requiere habilidades avanzadas de análisis y la capacidad de discernir entre datos valiosos y ruido, garantizando decisiones fundamentadas en un panorama empresarial turbio.

> *El cambio no es una amenaza, es la oportunidad de reinventarnos una y otra vez.*

La emergencia de una nueva forma de liderar

En el horizonte empresarial actual y en el futuro previsible, las olas del cambio están en constante agitación, llevándonos a reevaluar nuestras estrategias y enfoques de liderazgo. Este nuevo paradigma no solo demanda adaptabilidad, sino una transformación fundamental en la manera en que dirigimos nuestras organizaciones.

Si las empresas pueden adaptarse al cambio, será únicamente a través de las personas que las componen. No puede ser de otra forma; si no hay cambio en las personas, difícilmente podrá haberlo en las empresas.

Aquí es donde el rol de los líderes se impone como una condición *sine qua non* para acompañar el cambio. El líder debe ser un agente de cambio que inspire y dé ejemplo con su comportamiento y que ayude a las personas a operar los cambios necesarios para conseguir dirigir la organización hacia el éxito.

> *Ser flexible en un entorno rígido es la clave para convertir la incertidumbre en crecimiento.*

En las páginas que siguen, intentaremos poner a tu disposición argumentos sólidos, ejemplos concretos, ejercicios y herramientas para ayudar a los líderes, primeramente, a cambiar ellos mismos, y en segundo lugar, a acompañar a las personas a implementar los cambios necesarios en la organización.

Esta nueva forma de liderar no pretende solo ayudar a las empresas a sobrevivir en el contexto actual, sino implementar el cambio de mentalidad necesario para poder seguir adaptándose y prosperar en un nuevo panorama empresarial de transformaciones futuras que puedan venir.

El liderazgo que conocíamos ya no es suficiente, es hora de abrazar una evolución radical y liderar desde un lugar más consciente, vulnerable, humanista y flexible.

> *Cada cambio es una oportunidad disfrazada;*
> *depende de nosotros verla y aprovecharla.*

El cambio es el gran impulsor de la evolución. A lo largo de este capítulo, hemos visto cómo la capacidad de adaptarse y fluir con las transformaciones del entorno es esencial para cualquier líder que aspire a guiar a su equipo hacia el éxito. Ahora que hemos entendido la importancia de abrazar el cambio, es momento de profundizar en una habilidad fundamental para navegar en este mar de incertidumbre: la adaptabilidad. En el próximo capítulo, exploraremos cómo desarrollar y fortalecer tu Cociente de Adaptabilidad (AQ), para convertir la adaptabilidad en una ventaja competitiva, potenciando nuestro AQ para liderar con agilidad en un mundo en constante movimiento.

CAPÍTULO 2:
AQ: LA NUEVA EQ

¿Qué descubrirás aquí?

- **Evolución del concepto de inteligencia**
- **Qué es el cociente de adaptabilidad (AQ)**
- **Adaptabilidad individual (AQi) y organizacional (AQo)**
- **Test de adaptabilidad**

> *El cociente de inteligencia es lo mínimo que necesitas para conseguir un trabajo, pero el cociente de adaptabilidad define cuánto éxito tendrás a largo plazo. Natalie Fratto. Vicepresidenta de Goldman Sachs.*

La inteligencia emocional nos ha permitido conectar mejor con los demás, pero en un entorno que cambia a la velocidad de la luz, no basta con entender nuestras emociones. Necesitamos algo más: la capacidad de adaptarnos, de desaprender y reaprender, de reinventarnos una y otra vez. Aquí entra en juego el Cociente de Adaptabilidad (AQ).

En este capítulo, descubrirás cómo tu capacidad de adaptarte es el verdadero diferenciador en un mundo que exige flexibilidad y rapidez. Aprende a fortalecer tu AQ y a ser el líder que siempre está preparado, sin importar lo que el futuro depare.

Desafíate a ti mismo a ser más adaptable, más resiliente, más audaz. No se trata de ser el más fuerte ni el más inteligente, sino de ser el más adaptable.

Evolución del concepto de inteligencia

Si vivimos en un contexto tan cambiante y quebradizo, ¿qué podemos hacer para estar preparados a algo que todavía no existe y que no podemos predecir? La respuesta reside en cultivar y fomentar nuestra adaptabilidad.

Durante mucho tiempo se consideró la prueba del **coeficiente intelectual (IQ)**, que mide la memoria, el pensamiento analítico y la capacidad matemática, como la mejor y única manera de predecir nuestro desempeño laboral futuro.

Si bien la idea de inteligencia emocional y social ha estado presente en la historia de la psicología desde antaño, durante mucho tiempo no se consideró que tuviera un impacto mayor en nuestra realización personal y éxito en la vida. Solo a partir de los años 80 empezó a cobrar relevancia, cuando Howard Gardner, psicólogo en Harvard, aportó el concepto de "inteligencias múltiples" y propuso una redefinición global de la inteligencia.

Esta ya no se resumía al ámbito académico y puramente intelectual, sino que por primera vez se reconoció la existencia de diferentes formas de inteligencia y su importancia. Gardner propuso ocho tipos de inteligencia: lingüística, lógica, espacial, musical, kinestésica, naturalista, interpersonal e intrapersonal. Por primera vez, se introduce el concepto de la inteligencia en las relaciones interpersonales con la necesidad de incluir la inteligencia "intrapersonal e interpersonal" como factores clave para labrarse una buena vida.

Posteriormente son Peter Salovey y John Mayer psicólogos americanos, que, en los años 90, acuñan el concepto de inteligencia emocional y plantean la importancia de la misma. La describen como la capacidad de percibir, utilizar, comprender y regular eficazmente las emociones en uno mismo y en los demás, y la definen como un factor clave para adaptarse al entorno y tener éxito.

No obstante, quien democratiza el término de **inteligencia emocional (EQ)** es Daniel Goleman en 1995, con su *best seller* del mismo nombre, que investigó y desarrolló el concepto en profundidad. Goleman desencadenó un movimiento que aún continúa siendo de actualidad, donde propone la idea rompedora de que la gestión de la esfera emocional es más determinante todavía en el éxito de las personas que el coeficiente intelectual.

Según los estudios realizados por Goleman, el IQ o coeficiente intelectual parece corresponder únicamente a 20% de los factores determinantes en el éxito personal, y el 80% restante correspondería al EQ o coeficiente de inteligencia emocional. La gran toma de consciencia que irrumpió en el mundo de la psicología y los negocios con el trabajo de investigación llevado a cabo por Goleman es que ya no solo se considera la relevancia de la EQ para el éxito de las personas, sino que se demuestra que contribuye de forma más preeminente aún que la IQ en tener una vida exitosa y feliz.

Esta nueva forma de entender la inteligencia más allá de los aspectos cognitivos, introducida en los años 90, nos permitió entender la importancia de conocernos a nosotros mismos y conectar con nuestras propias emociones, para poder gestionarlas y automotivarnos. Y desde ahí, crear y mantener buenas relaciones interpersonales, interactuar y dirigirnos con efectividad a los demás.

Tal y como nos sucedió con la descripción del entorno VUCA que se nos quedó obsoleto para gestionar los cambios y nos hizo falta encontrar una nueva forma de conceptualizarlo, así la IQ y la EQ, incluso juntas, no son suficientes para gestionar el entorno actual y futuro al que las empresas y las personas nos enfrentamos.

Nace el concepto de **coeficiente de adaptabilidad (AQ)**, también conocido como inteligencia adaptativa, como una necesidad emergente para generar entornos con mayor flexibilidad y agilidad necesarias para una adaptación sin precedentes.

Origen del cociente de adaptabilidad

Se conoce como pionero en el desarrollo de la primera cuantificación científica mundial de la adaptabilidad en individuos y organizaciones, denominada Coeficiente de Adaptabilidad (AQ), a Amin Toufani, catedrático de economía en la Singularity University y creador del primer AQ Test en 2019.

El mismo año, Natalie Fratto, directora del Silicon Valley Bank, popularizó y dio a conocer el término gracias a una charla TED que se hizo viral en pocos días. En ella explicaba la técnica que aplica para identificar las mejores *startups* en las cuales invertir.

En su charla, Fratto contaba que, a la hora de anticipar el posible éxito futuro de empresas nacientes o *startups*, para invertir en ellas, era común fijarse en los factores equivocados. Es habitual cometer el error de atender únicamente a factores puramente intelectuales (IQ), como la formación académica de los fundadores, en qué universidades han estudiado o que másteres y diplomas poseen. Pero eso no permite anticipar el posible éxito de la empresa, afirma Fratto. Otra opción sería fijarse en la capacidad de esos fundadores para crear y mantener buenas relaciones interpersonales (EQ), lo cual podría permitir imaginar que dichos fundadores sabrían liderar eficientemente los equipos para conseguir mejores dinámicas de trabajo, pero tener en cuenta únicamente este aspecto tampoco sería suficiente para determinar probabilidades de éxito en el mercado.

Fratto nos revela que el método que utiliza es identificar la capacidad de adaptabilidad (AQ) de esos empresarios y fundadores. Una empresa que nace en esta era y debe hacerse lugar en un mundo altamente competitivo y cambiante, debe poseer según

Fratto, para triunfar, una alta capacidad de adaptación, y ese es su criterio a la hora de elegir en qué empresas invertir.

Finalmente, fue Robert Sternberg, profesor de Psicología en la universidad de Yale, quien investigó y profundizó en este concepto de adaptabilidad y la relación con la inteligencia. En su libro *Adaptive intelligence* desarrolla su teoría y explica que no podemos seguir basándonos en parámetros antiguos para definir la inteligencia del futuro. Necesitamos abrirnos a nuevas formas de inteligencia para poder prosperar en una realidad todavía inexistente.

Qué es el cociente de adaptabilidad (AQ)

El cociente de adaptabilidad (AQ) mide la habilidad de una persona para adaptarse a los cambios, así como su capacidad para ser flexible y ajustarse a nuevas circunstancias y elementos. La AQ se podría definir como la competencia por excelencia para la transformación.

Para que funcione, las empresas deben implementar entornos donde la adaptabilidad forme parte integral de la cultura organizacional. Para ello deben tener la capacidad de embarcar a las personas que la componen en la ardua tarea de cambiar, entendiendo la necesidad del cambio como una situación *win-win* para ambas partes.

La empresa debe ofrecer un entorno de trabajo que facilite el desarrollo del cociente de adaptabilidad, un entorno propicio al aprendizaje de las habilidades que se desprenden de la adaptabilidad, y considerar tanto componentes individuales como organizacionales.

Adaptabilidad Individual (AQi)

Contratar al talento adecuado es una de las tareas clave de toda organización. Según un informe de Mckinsey "The state of organisations 2023" se estima que entre un 20 y un 30% de roles críticos en la empresa están ocupados por el talento inadecuado. Debemos encontrar nuevas y diferentes formas de atraer el talento adecuado, personas que dispongan de forma innata de las competencias que necesitaremos para liderar las empresas del futuro en un mundo en constante transformación.

Si bien el cambio y la adaptabilidad son cosa de todos y contratar el talento adecuado es imprescindible para poner todas las posibilidades de la parte de la empresa para conseguir implementarlo, los líderes juegan todavía un papel más importante a nivel individual. Como ejemplos, los líderes son motores de cambio en la organización y, sean conscientes o inconscientes de ello, ofrecen un modelo a seguir a los empleados. Por lo tanto, es todavía más importante que un líder posea las competencias y habilidades que constituyen la base de la adaptabilidad.

¿Qué elementos componen la adaptabilidad o cuáles son las competencias y habilidades personales, que a nivel individual representan un terreno fértil para su desarrollo?

Conciencia de la necesidad de cambio: es imprescindible que los empleados que componen la empresa comprendan la importancia de la adaptabilidad y estén dispuestos a abrazarla. Se trata de mantener una mente abierta a lo desconocido, sabiendo que todas nuestras convicciones pueden ser desafiadas en cualquier momento. Esto implica dudar de todo de una forma sana, es decir, que lo que ha podido servir hasta ahora podría no ser adecuado en el futuro.

Valor: hace falta una cierta valentía para cuestionarse y aceptar estar en movilidad continua. Esto implica constancia para mantener el compromiso con objetivos a largo plazo y ser capaz de volver a empezar las veces que sean necesarias, siempre impulsado por un interés constante y un esfuerzo continuo en mantenerse abierto. Esta habilidad implica una mezcla de pasión y perseverancia.

Flexibilidad cognitiva: es la capacidad de crear nuevos caminos y soluciones a partir de una situación dada, adaptándose eficazmente según sea necesario. Implica en ocasiones ser capaz de trabajar en demandas que pueden parecer *a priori* opuestas y, aun así, considerar estas oposiciones como una oportunidad de aprendizaje y crecimiento. Esta habilidad es de suma importancia, pues es la que permite explorar nuevos caminos y experimentar cosas que quizás nunca antes se habían hecho. Va más allá de la simple apertura mental, pues conlleva una actitud proactiva para generar innovación.

Mentalidad de crecimiento: esto tiene que ver con la forma de estar en el mundo de cada individuo. Refleja la capacidad de la persona para visualizar y esperar resultados positivos, y para encarar la vida con optimismo. Esta mentalidad es crucial para evolucionar en un mundo incierto y cambiante, adoptando la idea subyacente de que la capacidad humana puede desarrollarse mediante esfuerzo y trabajo duro.

Resiliencia: la resiliencia es un concepto que viene de la física, y que define la capacidad de un cuerpo para volver a su estado inicial tras haber sido deformado. Las personas altamente resilientes saben adaptarse y se recuperan rápidamente; experimentan menos estrés y aceptan transformaciones significativas. Aunque podría considerarse un rasgo innato en la persona, la resiliencia se puede aprender y desarrollar.

Desaprender: el desaprendizaje tiene que ver con la capacidad de desprenderse intencionadamente de información, creencias y prácticas que parecen obsoletas, preparando así el camino a nuevas ideas y enfoques. En un mundo en constante cambio el desaprendizaje es un componente vital de la adaptabilidad, que permite a las personas y a las organizaciones mantenerse ágiles y competitivas. Este proceso consciente implica una reevaluación basada en nuevos datos y factores del entorno, lo que a menudo provoca incomodidad, ya que exige desprenderse de experiencias y creencias pasadas. Las personas altamente adaptables son capaces de identificar fácilmente las áreas en las cuales deben actualizar sus percepciones, conocimientos y comportamientos según sea necesario.

Gestión emocional: la gestión emocional puede parecer un clásico obvio para el desarrollo de la adaptabilidad. No debemos minimizar el impacto de las emociones en el cambio, pues son las emociones las que pueden facilitarlo o hacernos muy resistentes a él. Más que nunca en periodos de cambio e incertidumbre es crucial mantener un equilibrio en nuestras emociones y las respuestas emocionales que damos a las situaciones que se presentan.

Automotivación: es uno de los pilares de la Inteligencia Emocional, y es lo que impulsa a las personas a alcanzar objetivos y a adaptarse al cambio. Basándonos en la teoría del enfoque normativo (Higgins, Columbia, Regulatory focus theory) tenemos dos sistemas principales para motivarnos a "alcanzar algo" (promoción), es decir, maximizar las oportunidades de conseguir lo deseado, o "evitar algo" (prevención), es decir, cumplir con las obligaciones e intentar minimizar errores. Conocer tu estilo de motivación te ayuda a comprender mejor cómo adaptarte al cambio y tener éxito en conseguir tus objetivos.

Esperanza: la esperanza es un estado psicológico medible. Es la capacidad de perseguir objetivos y crear vías alternativas para alcanzarlos cuando se plantean retos. Proveniente de la psicología positiva, la esperanza implica lo que en inglés se llama *agency*. Sería algo así como la capacidad de mantener una alta energía dirigida a un objetivo, y planificación para alcanzarlo. Se asemeja a la autoeficacia y el optimismo, pero hace especial hincapié en la generación de estrategias para superar los obstáculos.

No hay forma de que una organización tenga un alto coeficiente de adaptabilidad, si las personas que la componen no lo tienen o son capaces de desarrollarlo. La AQo de las empresas debería incluir en su cultura organizacional una paleta de medidas para fomentar, enseñar o promover en los individuos las diferentes competencias que acabamos de evocar: **conciencia de la necesidad de cambio, valor, flexibilidad cognitiva, mentalidad de crecimiento, resiliencia, desaprendizaje, gestión emocional, automotivación y esperanza**.

> *La adaptabilidad es la capacidad de ver oportunidades donde otros solo ven obstáculos.*

Adaptabilidad individual (AQi) y organizacional (AQo)

Al igual que en el caso de las personas, también podemos hablar de la adaptabilidad de una organización. Es decir, la capacidad organizacional para responder y adaptarse a los cambios del entorno y responder adecuadamente para prosperar como empresa.

Ni la mejor organización del mundo puede tener éxito compuesta de individuos que no disponen de las habilidades necesarias, ni las personas más motivadas y competentes pueden sacar adelante una organización esclerosada y ciega. Esto va de personas, va de apoyarse unos en otros, los empleados en la organización y la organización en los empleados.

Por lo tanto, una vez vistas las competencias y habilidades a nivel individual que provocan y hacen crecer la adaptabilidad en la empresa, veamos a nivel organizacional qué elementos clave hay que tener en cuenta para acompañar y maximizar el Cociente de Adaptabilidad de la organización.

Cultura organizacional: es imprescindible que los empleados sientan que la organización se preocupa por su bienestar. La investigación ha demostrado que existe una alta correlación entre el rendimiento laboral y la satisfacción del personal. Un estudio de Gallup muestra que, cuando los empleados perciben que su organización les apoya y se preocupa por ellos, disminuye el deseo de abandonar la empresa y crece el compromiso. Es más probable que las personas se adapten a los cambios y alineen sus objetivos con los de la empresa cuando se sienten parte integrante y activa de la misma, así como reconocidos y valiosos en su aportación.

Salud mental y emocional: ofrecer una cartera de medidas para favorecer y cuidar la salud mental y emocional de los empleados es uno de los desafíos a los que las empresas deberán hacer frente en los próximos años para mantenerse competitivas y atraer el talento adecuado. Lo dice el mismo informe de Mckinsey mencionado anteriormente "The state of organisations 2023". Es vital generar entornos de trabajo donde los empleados puedan experimentar emociones positivas y limitar al máximo las negativas. Esto es crucial para la adaptabilidad, ya que influye en la energía y el compromiso con el cambio y la mejora continua. Un entorno de trabajo que constantemente provoca ansiedad, preocupación y nerviosismo afecta sin duda negativamente al rendimiento laboral. Según la Organización Mundial de la Salud, se estima a 12 millares de días de baja por ansiedad y depresión, lo cual genera un coste de 1 trillón de dólares para las organizaciones.

Equipos de trabajo: los líderes de hoy deben poseer claras habilidades para crear y mantener equipos de trabajo eficientes. Es imprescindible que los empleados se sientan cómodos compartiendo conocimientos, afrontando retos y expresando sus opiniones dentro de su equipo. Para ello es crucial saber crear entornos donde la seguridad psicológica, la confianza y

34

la conexión entre sus miembros sea una constante. La ausencia de equipos de trabajo eficientes y sanos puede sabotear por completo el éxito de la empresa, dificultar la adaptación y la innovación.

Entorno de trabajo: más de 40% de los líderes encuestados en el estudio de McKinsey "The state of organisations 2023" estima que su organización dispone de una estructura demasiado rígida e ineficiente, y en proporciones similares los líderes encuestados opinan que los roles y responsabilidades no están claramente definidos. Es vital que las organizaciones reevalúen sus sistemas de trabajo, procesos y metodologías que influyen en la adaptabilidad de la empresa. Es necesario saber si la organización fomenta la autodisrupción, la experimentación, la innovación y la adaptabilidad o, al contrario, las obstaculiza.

Un entorno favorable para la adaptabilidad es aquel en el que los fracasos se consideran oportunidades de aprendizaje, se debaten abiertamente sin censura y se aprende de ellos.

Existen algunas fórmulas en el mundo de los negocios, para calcular el coeficiente de adaptabilidad en la empresa. Es importante tener en cuenta que estas fórmulas ofrecen tan solo una medida para identificar con datos lo que está sucediendo en la organización en el momento de su aplicación.

Fórmula de McKeown: esta fórmula se basa en la tasa de crecimiento, la tasa de retención de clientes y la tasa de innovación. La fórmula es la siguiente:

Coeficiente de adaptabilidad empresarial = (tasa de crecimiento + tasa de retención de clientes + tasa de innovación) / 3

Referencia: McKeown, T. (2015). *The strategy book*. London: Pearson.

Fórmula de Porter: esta fórmula se basa en la tasa de crecimiento, la tasa de retención de clientes y la tasa de cambio en el mercado. La fórmula es la siguiente:

Coeficiente de adaptabilidad empresarial = (tasa de crecimiento + tasa de retención de clientes) / tasa de cambio en el mercado

Referencia: Porter, M. E. (1998). *Competitive strategy: Techniques for analyzing industries and competitors.* New York: Free Press.

Fórmula de Schumpeter: esta fórmula se basa en la tasa de crecimiento, la tasa de innovación y la tasa de cambio en el mercado. La fórmula es la siguiente:

Coeficiente de adaptabilidad empresarial = tasa de crecimiento / (tasa de innovación + tasa de cambio en el mercado)

Referencia: Schumpeter, J. A. (1934). *The theory of economic development.* Cambridge, MA: Harvard University Press.

Al igual que hemos venido explicando con las competencias individuales que conviene promover para mejorar el cociente de adaptabilidad en las personas, las organizaciones también pueden contribuir generando entornos para facilitar el aprendizaje y potenciar su desarrollo. Los factores clave a través de los cuales proponemos que la organización puede maximizar sus posibilidades de devenir más adaptable son la cultura organizacional, cuidar la salud mental y emocional, mejorar su capacidad de crear equipos de trabajo eficientes, así como ofrecer entornos de trabajo donde las personas puedan crecer y desarrollarse.

> *Desaprender para volver a aprender: esa es la habilidad esencial de un líder adaptativo.*

Test de adaptabilidad

¿Hasta qué punto eres adaptable?

Marca con una cruz todas las afirmaciones que le correspondan:

Lee con atención y marca con una X aquellas con las que te sientas identificado:	Marca
1.- Veo la vida como un experimento	
2.- Estoy abierto al cambio, ni le temo ni lo evito	
3.- Soy ingenioso, me las arreglo	
4.- Siempre busco formas de mejorar	
5.- No guardo rencor ni culpo a nadie	
6.- Soy una persona curiosa	
7.- El contexto es importante para mí a la hora de tomar una decisión	
8.- Si algo no funciona, pruebo otra cosa	
9.- Veo más la oportunidad que el fracaso	
10.- Si mi plan A no funciona, paso al plan B	
11.- Me hablo a mí mismo en positivo	
12.- Tengo en cuenta el panorama general	
13.- Escucho y tengo en cuenta las opiniones de los demás	
14.- Me gusta probar cosas nuevas	

Puntuación:

12-14 Tienes una gran flexibilidad y adaptabilidad.

6-12 Muestras cierta flexibilidad, pero todavía tienes algunos patrones de pensamiento rígidos y resistencias.

0-6 La adaptabilidad es un reto para ti, debes trabajar en ello.

Claves para el desarrollo de la Adaptabilidad Individual (AQi)

La investigación ha demostrado que las personas con mayor inteligencia emocional y resiliencia tienen más posibilidades de desarrollar la adaptabilidad y aceptar la novedad.

Sin duda tomar la responsabilidad personal de fomentar en el día a día la propia flexibilidad es algo que todos podemos hacer con cosas simples, que, aunque al principio puedan parecer antinaturales, con el tiempo se puedan ir convirtiendo en nuevos hábitos que nos lleven a generar nuevas conexiones cerebrales y nuevas formas de ser que nos ayuden y nos preparen para adaptarnos mejor a los cambios que nos esperan.

A continuación, algunas claves que te pueden ayudar:

1. "¿Y si...?". Fuerza a tu cerebro a simular

Cuando nos hacemos preguntas del tipo "¿y si...?" estamos obligando a nuestro cerebro a salir de su zona de confort y a considerar posibilidades y escenarios diferentes a los que ya conocemos. Esto puede ser muy útil para prepararnos para situaciones futuras y mejorar nuestra adaptabilidad.

Además, hacerse preguntas del tipo "¿y si...?" también puede ayudarnos a desarrollar una mentalidad de aprendizaje continuo y mejora constante. Al considerar diferentes posibilidades y escenarios, podemos identificar áreas de mejora y oportunidades de crecimiento.

2. Pon en duda tu versión de los hechos

Desaprender es la capacidad de replantearse el *statu quo*, reevaluar habilidades o ajustar viejas metodologías que ya no son pertinentes. Te da la posibilidad de mantener la mente abierta hacia lo que crees que sabes y aceptar que ahora puedes estar equivocado.

No tengas miedo a añadir, borrar o modificar la información de tu base de datos mental. Ten en cuenta que nada es inamovible. Para desaprender viejas pautas de comportamiento, debes debatir y considerar perspectivas opuestas y alternativas.

También puedes hacer experimentos rápidos con nuevas habilidades, tecnologías, procesos, comportamientos o programas informáticos.

3. Explora nuevos caminos

No te precipites a solucionar las cosas con lo que sabes, explora nuevos caminos.

La adaptabilidad implica ser capaz de ajustarse a las nuevas condiciones y cambios en el entorno, lo que requiere de una actitud abierta a la exploración de nuevas ideas y enfoques.

Resulta útil, en este sentido, ser una persona curiosa, ya que ayuda a descubrir nuevas perspectivas y enfoques, y a desarrollar nuevas habilidades.

Estar dispuesto a probar cosas nuevas y experimentar diferentes enfoques puede ayudar a identificar lo que funciona y lo que no, y a descubrir nuevas formas de hacer las cosas.

4. Pide *feedback* y adapta de forma proactiva

Pedir *feedback* es una habilidad clave para aprender y mejorar. Podemos obtener información valiosa sobre nuestro desempeño y áreas de mejora.

Además, el *feedback* también puede ayudarnos a adaptarnos a nuevas situaciones y desafíos de manera más efectiva. Es importante recordar que el *feedback* no siempre será positivo, pero debemos estar dispuestos a recibirlo y usarlo para mejorar.

Además, si adaptamos este *feedback* de manera proactiva puede ayudarnos a identificar oportunidades y tomar medidas antes de que sea demasiado tarde.

5. Permítete no saber

En algunas ocasiones es importante aceptar y reconocer que no se tiene conocimiento o información suficiente sobre un tema o situación determinada. Es de Perogrullo recordar que nadie puede saber todo, sobre todo, y que es natural tener áreas de conocimiento en las que se tiene menos experiencia o información.

La actitud de permitirte no saber puede ser útil en varios sentidos. En primer lugar, puede ayudar a evitar la arrogancia y la presunción, que pueden ser contraproducentes en situaciones en las que se necesita aprender de los demás o trabajar en equipo.

En segundo lugar, puede motivar a las personas a buscar información adicional o asesoramiento de expertos, lo que puede ayudar a mejorar su comprensión y toma de decisiones.

Esto no significa renunciar al aprendizaje o a la búsqueda de información. Por el contrario, implica reconocer que siempre hay cosas nuevas que aprender y estar dispuesto a hacerlo de manera activa y continua.

Recuerda:

- La adaptabilidad es la habilidad que define a los líderes del futuro.

- El Cociente de Adaptabilidad (AQ) es la brújula que nos guía en un mundo donde las reglas cambian constantemente.

En este capítulo, has descubierto cómo medir y mejorar tu AQ, aprendiendo a desaprender y reaprender para mantenerte siempre un paso adelante. Esta capacidad te convierte en un líder flexible y resiliente, capaz de guiar a tu equipo a través de la incertidumbre. Pero para liderar con efectividad no basta con ser adaptable. Ahora es el momento de mirarte a ti mismo con honestidad y profundizar en el autoconocimiento. Porque todo liderazgo comienza desde adentro, con la capacidad de liderarte a ti mismo antes de guiar a otros.

Acompáñanos en el siguiente capítulo, donde exploraremos cómo el autoconocimiento y la gestión emocional se convierten en los pilares del liderazgo personal.

Prepárate para el viaje más importante: el viaje hacia tu propio interior.

PARTE II:
EL LIDERAZGO PERSONAL

El viaje hacia un liderazgo efectivo comienza desde dentro. Antes de poder guiar a otros, es esencial que te conozcas a ti mismo, que entiendas tus motivaciones, tus fortalezas y tus áreas de mejora. Un líder que se conoce a sí mismo puede gestionar sus emociones de manera efectiva, comunicarse con autenticidad y actuar con integridad. Esta parte del libro se centra en el desarrollo del liderazgo personal, un proceso que implica mirar hacia adentro, enfrentarse a los propios miedos y desafíos, y emerger con una comprensión más profunda de uno mismo.

Comenzaremos con el capítulo **"Todo empieza en ti"**, donde exploraremos la importancia del autoconocimiento y la gestión emocional. Aprenderás a utilizar herramientas como la **ventana de Johari** y a cuestionar tu propio discurso interno para entender mejor cómo te ves a ti mismo y cómo te perciben los demás. La gestión emocional será clave para mantener la calma y el enfoque en situaciones de estrés, permitiéndote ser un líder que inspira confianza y serenidad en su equipo.

En el siguiente capítulo, **"Líder *coach*"**, profundizaremos en cómo un líder no se limita a dar órdenes, sino que guía y acompaña a su equipo en su crecimiento personal y profesional. El líder *coach* utiliza técnicas de *coaching* para ayudar a sus colaboradores a alcanzar su máximo potencial, fomentando un entorno de aprendizaje continuo y apoyo mutuo. Veremos cómo las habilidades de comunicación, la capacidad de hacer preguntas poderosas y la empatía son fundamentales para crear un ambiente de confianza y desarrollo.

Capítulo 3:
Todo empieza en ti

¿Qué descubrirás aquí?

- **Autoconocimiento**
- **Liderazgo con valores**
- **La ventana de Johari**

Antes de liderar a otros, debes liderarte a ti mismo. ¿Cómo puedes esperar guiar a tu equipo a través de la tormenta si no has enfrentado tus propias sombras? En este capítulo descubrirás que el verdadero liderazgo nace del autoconocimiento, de la capacidad de gestionar tus emociones y mantener la calma en medio del caos.

Aprenderás a identificar tus puntos fuertes, tus debilidades y a convertirte en la mejor versión de ti mismo. Porque solo cuando te conoces a ti mismo, puedes inspirar y guiar a los demás.

Es hora de mirarte al espejo con valentía y sinceridad y dejar a un lado la máscara del ego. Descubre quién eres realmente y convierte ese conocimiento en la base de tu liderazgo. Solo cuando dominas tu mundo interior, puedes conquistar el exterior.

Conócete a ti mismo y conocerás el universo.
Sócrates 470 a.C.

Autoconocimiento

Numerosos filósofos, psicólogos y pensadores a lo largo de la historia han reflexionado sobre la importancia del autoconocimiento. Posiblemente el más antiguo y conocido sea Sócrates (470-399 a.C.), quien avanzaba que conocerse a uno mismo es el principio y la base de todo conocimiento, y es más, necesario para conducirse bien en la vida.

Sócrates se encuentra a Alcibíades, que se dispone a subir a la Tribuna de la Asamblea de los Atenienses para hablarles de política y negocios.

Sócrates: Tú te preparas para presentarte antes los atenienses, dime, Alcibíades, ¿con motivo de qué deliberación te levantas a dar tu dictamen a los atenienses? ¿Acaso es sobre cosas que sabes tú mejor que ellos?

Alcibíades: Te respondo sin dudar, que es sobre cosas que yo sé mejor que ellos.

Sócrates: Porque tú no puedes dar buenos consejos, sino sobre cosas que tú sabes.

Alcibíades: ¿Cómo es posible darlos sobre lo que no se sabe?

Sócrates: ¿Y no es cierto que tú no puedes saber las cosas, sino por haberlas aprendido de los demás, o por haberlas descubierto tú mismo?

Alcibíades: ¿Cómo se puede aprender de otra manera?

Sócrates: Pero ¿es posible que las hayas aprendido de los demás o encontrado por ti mismo, cuando no has querido ni aprender nada, ni indagar nada?

Alcibíades: Eso no puede ser.

Sócrates: ¿Te ha venido a la mente indagar o aprender lo tú creías saber?

Alcibíades: No, sin duda.

Qué importante conclusión podemos sacar de este extracto de conversación entre Sócrates y Alcibíades: **nadie indaga o aprende sobre lo que cree saber.** Por lo tanto, el primer requisito para poder aprender es la curiosidad. Solo una mente abierta y convencida de no saberlo todo puede recibir e integrar conocimiento. El ponerse en cuestión uno mismo sobre lo que se cree saber, incluso cuando jurásemos tener la verdad, y conservar una actitud de aprendiz toda la vida, incluso con toda la formación académica y experiencia, es requisito *sine qua non* para aprender.

Si estamos de acuerdo en que no lo sabemos todo sobre nosotros mismos, porque hay una parte ciega que no conocemos, podemos fácilmente aceptar que esto es todavía más cierto cuando hablamos de otras personas. Cada persona ve el mundo de una forma única y específica, fruto de sus creencias, pensamientos, educación, etc.

No solo cada uno de nosotros vemos el mundo e interpretamos los eventos de una forma personal, sino que, una vez hemos validado un conocimiento o experiencia, nos lo creemos y ya no lo ponemos en duda. Nos agarramos a lo que creemos saber sobre nosotros mismos y sobre los demás, sobre el mundo y los eventos que ocurren.

> *El verdadero liderazgo no consiste en tener todas las respuestas, sino en hacer las preguntas correctas, empezando por ti mismo.*

Este concepto se ve explicado en lo que la psicología llama el **"sesgo de confirmación"**. El sesgo de confirmación es una tendencia cognitiva que nos lleva a buscar, interpretar y recordar la información de manera que confirme nuestras creencias preexistentes, mientras ignoramos o desestimamos información que las contradiga.

¿Te das cuenta del riesgo que esto conlleva a la hora de liderar personas? ¿Te das cuenta del problema que este tipo de sesgo puede causar en un equipo o en una empresa? ¿Somos conscientes de lo poco que sabemos de nosotros mismos y de los demás?

Esta forma natural que tenemos de comportarnos tiene un impacto significativo en el proceso de autoconocimiento, pues dificulta la capacidad para obtener una comprensión precisa y objetiva de sí mismo y de los demás.

Comprendiendo el sesgo de confirmación

El sesgo de confirmación es un fenómeno bien documentado en psicología. Básicamente, cuando tenemos una creencia o expectativa sobre algo, tendemos a:

- Buscar información consistente: preferimos información que confirme lo que ya creemos.

- Interpretar información de manera sesgada: interpretamos la información ambigua de manera que confirme nuestras creencias.

- Recordar información selectivamente: recordamos mejor la información que apoya nuestras creencias y olvidamos la que no lo hace.

El impacto del sesgo de confirmación en el autoconocimiento. ¿A qué nos conduce?

Al mantenimiento de autoimágenes inexactas: el sesgo de confirmación puede llevar a los individuos a mantener una autoimagen que no refleja con precisión sus verdaderas capacidades, comportamientos o emociones. Por ejemplo, una persona que se considera un excelente comunicador puede ignorar o racionalizar las críticas sobre sus habilidades de comunicación, reforzando una imagen inexacta de sí misma.

A la resistencia a la retroalimentación: para el autoconocimiento, es crucial estar abierto a la retroalimentación externa. Sin embargo, el sesgo de confirmación puede hacer que las personas descarten la retroalimentación que no coincide con su autoimagen. Esto limita la capacidad de aprender de los errores y de realizar mejoras necesarias.

A una falta de crecimiento personal: el autoconocimiento requiere la aceptación y la comprensión de las propias áreas de mejora. Si el sesgo de confirmación nos impide reconocer nuestras debilidades o errores, el crecimiento personal y profesional se ve obstaculizado. La tendencia a ignorar la información negativa nos mantiene estancados en nuestras limitaciones.

Al refuerzo de comportamientos ineficientes: al confirmar nuestras creencias existentes, el sesgo de confirmación puede llevarnos a repetir patrones de comportamiento ineficaces. Por ejemplo, un líder que cree que su estilo de liderazgo es el único correcto puede ignorar las señales de que su enfoque no está funcionando, lo que afecta negativamente a su equipo y a los resultados de la organización.

Superar el sesgo de confirmación y mejorar el autoconocimiento

El sesgo de confirmación es una barrera significativa para el autoconocimiento, ya que nos lleva a mantener creencias inexactas y resistir la retroalimentación crítica. Sin embargo, mediante la adopción de estrategias conscientes y prácticas de reflexión, es posible superar este sesgo y lograr una comprensión más precisa y completa de nosotros mismos.

Para los líderes empresariales, este esfuerzo no solo mejora su autoconocimiento, sino que también fortalece su capacidad para liderar de manera efectiva y adaptativa en un entorno en constante cambio.

A continuación, ofrecemos algunas ideas para superar el sesgo de confirmación y mejorar el autoconocimiento:

- Adopción de una mentalidad de crecimiento: fomentar una mentalidad de crecimiento, como sugiere Carol Dweck, ayuda a las personas a ver los desafíos y las críticas como oportunidades para aprender y crecer en lugar de amenazas a su autoimagen.

- Búsqueda activa de retroalimentación diversa: solicitar retroalimentación de diversas fuentes y considerar diferentes perspectivas puede contrarrestar el sesgo de confirmación. Es importante estar abierto a opiniones que difieran de nuestras propias creencias y analizarlas objetivamente.

- Práctica de la autorreflexión crítica: la autorreflexión regular, con un enfoque en cuestionar nuestras propias suposiciones y creencias, puede ayudar a identificar y mitigar el impacto del sesgo de confirmación. Preguntarse a sí mismo por qué se sostiene una creencia particular y buscar activamente evidencia contraria puede ser muy revelador.

- Utilización de herramientas de evaluación objetivas: herramientas y evaluaciones objetivas, como evaluaciones de personalidad y *feedback* 360 grados, pueden proporcionar una visión más equilibrada y basada en datos sobre uno mismo, ayudando a contrarrestar el sesgo de confirmación.

"No vemos el mundo como es, sino como somos", decía Krishnamurti, es por esta razón que el autoconocimiento es imprescindible para gestionar personas. El autoconocerse permite aprender a gestionar y reconocer las propias trabas, para no contaminar el entorno con posibles cosas nuestras que no estamos viendo. Permite ser un elemento lo más neutro posible al contacto con los demás, y así poder discernir lo que es propio y lo que es del otro. Cuando esto ocurre, podemos ser parte de la solución y no contribuir al problema.

Todo empieza dentro de ti

Permíteme hacerte una pregunta con la única intención de que ahondes en tu crecimiento y sabiendo que todo parte de uno mismo: ¿cómo vas a liderar un equipo si no eres capaz de liderarte a ti mismo?

El primer paso es conocerse, para luego aceptar lo bueno y no tan bueno de cada uno de nosotros (recuerda que nadie es perfecto), y solo desde ese punto puede nacer el autoliderazgo (aprender a conocer mis fortalezas y debilidades así como mis emociones, siendo capaz de gestionarlas para sacar mi mejor versión). En el capítulo "El poder personal" mencionaremos algunos elementos para empezar a conocerte (un camino continuo) como el test de los colores, el sistema VAK y uno de los meta programas (la energía que mueve a las personas: alejarse de - acercarse a). Vamos a presentarte algunas herramientas más que puedes utilizar para conocerte y para adaptar tu estilo de comunicación y comportamiento con otras personas:

El meta programa "tamaño de información" que manejamos

Este nos indica cómo percibimos el mundo y qué tipo de información utilizamos para ello. Así aparecen dos polaridades en función de la lente que utilizamos para ver la vida que nos rodea: la visión global y la de detalle. Es decir, si preferimos resúmenes, síntesis, conclusiones, el conjunto, generalizaciones; o si preferimos el detalle, la letra pequeña, mucha información. Ten en cuenta que es más fácil enfocar desde lo global al detalle que al revés. Una persona de lente global contando desde su perspectiva a una de lente de detalle puede hacerle sentir que se está omitiendo información, mientras que, a la inversa, al conceder tanta atención al detalle al contar las cosas, la lente global puede perder el interés y tal vez no sea capaz de crear una imagen global.

Ya ves pues, si queremos influir y ser entendidos, no nos queda otra alternativa que adaptarnos a nuestro interlocutor. ¿Acaso no hablamos inglés cuando estamos en USA para que nos entiendan? Existen otros meta programas que nos ayudan a entender la dirección del movimiento, los motivos para la acción, la forma de la acción, etc.

Trabajando el EGO con triángulo de Karpman

En psicología, el EGO es la conciencia que tengo del individuo, el yo. Es un personaje que hemos adoptado y que dominamos para sobrevivir en el mundo, y normalmente emerge cuando estamos afectados por el estrés, por emociones como la rabia, la culpa, el miedo, y lo que busca es tener el control de la situación. Karpman nos dice que todas las relaciones se ven afectadas por el triángulo, tres disfraces que se retroalimentan entre sí:

- Perseguidor: busca cambiar y controlar a la otra persona a través de la cólera y la crítica. Se muestra poco empático y utiliza a los demás para satisfacer las necesidades propias. Quiere tener el control y por ello ataca, quiere mostrar a los demás que tiene el control.

- Víctima: busca seguridad y apoyo a través de dar pena. Necesita que se le compadezca, se queja de todo, se siente desvalida, que el mundo es injusto con ella y no puede hacer nada. Busca personas que le cuiden y pueda manipular para conseguirlo.

- Salvador: busca ser indispensable a través de la complacencia y el sacrificio. Se siente bien rescatando a los demás. Se adelanta para ayudar, aunque no se lo pidan. Puede llegar a reprochar que no es correspondido. Tiende a sentir culpa y a sacrificarse por el bien de los demás.

Por norma, hay uno que es nuestra tendencia mayoritaria, pero los disfraces no son fijos y dependen directamente de las situaciones, en las que podemos saltar de uno a otro.

Imagina la siguiente escena de un padre, una madre y una hija adolescente. La hija quiere ir al baile de disfraces hoy, entonces aparece el padre y la detiene, le dice que nada de salir entre semana (perseguidor), la madre intenta mediar por la hija (salvador), la hija se pone a llorar (víctima), la madre al padre: "No trates así a tu hija, eres demasiado severo" (perseguidor). Como puedes ver, los roles se alimentan entre sí: cuando uno actúa como salvador tiende a aparecer una víctima, cuando uno actúa de perseguidor tiende a aparecer una víctima, cuando una actúa de víctima tiende a aparecer un perseguidor o un salvador.

Ejercicio:

¿Cuál es la tendencia principal en tu vida? ¿Y en el trabajo? Argumenta por qué crees eso y saca tus conclusiones.

Elabora una lista de personas y circunstancias en las que actúas como perseguidor, y clasifica la intensidad entre 1-10.

Repite lo mismo con los roles de víctima y salvador.

¿Cuál te cuesta más aceptar? ¿Dónde te sientes tú ubicado entre la polaridad lente global - lente detalle? ¿Cómo son las personas de tu equipo? ¿De qué forma adaptas tu mensaje al hablar con ellas?

El autoconocimiento es una asignatura muy amplia, potente y de continuo trabajo. Como ir desgranando las distintas capas de una cebolla, conforme entiendo y saco una, emerge otra más profunda. No tengas prisa en saberlo todo, lo relevante es la puesta en acción por tu cuenta, dedícale tiempo y repite los ejercicios, te sorprenderá cómo cada vez le puedes dar una nueva y más profunda lectura, creando un crecimiento.

Te invito a usar tus nuevos superpoderes de autoconocimiento (4 colores, VAK, metaprogramas, Karpman) con consciencia, sin juzgar, sin etiquetar, todo ello te facilitará sacar el máximo provecho. Todas las personas tenemos un poco de cada, e igualmente cierto es que tendencias naturales que usamos la mayoría de las veces, pero ello no significa que siempre respondemos igual, al etiquetar y juzgar estamos encasillando y limitando las posibilidades de las personas. El efecto Pigmalión nos recuerda el efecto que tienen las expectativas de los demás sobre nosotros.

> *Trata a un hombre tal y como es y seguirá siendo lo que es, trátalo como puede llegar a ser y se convertirá en ello.*

Liderazgo con valores

Para poder profundizar en la importancia del liderazgo con valores, veamos primero qué son los valores y qué impacto tienen en nuestra vida.

Puede parecer una cuestión básica pero cuando llevo a cabo talleres sobre valores en las empresas, a menudo me sorprende observar que muchas personas no saben definir qué son los valores y mucho menos identificar los propios. En ocasiones, se confunden los valores con competencias o aptitudes, perdiendo de vista la importancia profunda que estos tienen en nuestra vida.

Las competencias están relacionadas con las habilidades prácticas y el *cómo* alguien realiza su trabajo. Estas competencias o habilidades se pueden estudiar, aprender y mejorar a lo largo de la vida. En cambio, los valores tienen más que ver con "quién eres", con las motivaciones subyacentes y el *por qué* se actúa de una cierta manera.

Los valores son convicciones profundas que guían la vida de una persona. Un valor es como un ancla, una referencia profunda que orienta nuestros actos, una brújula que tutela nuestra dirección. Se forjan principalmente durante la infancia y la adolescencia, aunque no por eso son inmutables y pueden evolucionar a lo largo de la vida influenciados por experiencias personales, contextos culturales, aprendizajes y transformaciones significativas.

En algunos casos y para algunas personas, ciertos valores pueden ser incluso inconscientes y estar guiando sus actos y comportamientos sin que puedan identificarlos a primera vista. Nuestros valores nos definen e influyen profundamente en cómo utilizamos nuestras competencias y en cómo nos relacionamos con los demás y con el entorno.

Ya en su época, Aristóteles sentó las bases de la ética y los valores como esenciales para alcanzar una vida plena y una sociedad justa. Posteriormente, en el ámbito de la psicología diferentes autores han contribuido y enriquecido la literatura sobre esta temática, algunos ejemplos serían:

Milton Rokeach, psicólogo social que desarrolló el "Rokeach Value Survey", una de las herramientas más conocidas para medir valores. En su obra *The Nature of Human Values* (1973), destacó cómo los valores influyen en el comportamiento y las decisiones de las personas.

Shalom H. Schwartz, reconocido por su teoría de los valores universales, identificó diez categorías de valores fundamentales que son comunes a todas las culturas, pero que varían en importancia según los contextos.

Abraham Maslow, aunque más conocido por su jerarquía de necesidades, vinculó los valores con las necesidades humanas, especialmente en los niveles superiores de la autorrealización. Consideraba que los valores eran esenciales para alcanzar el máximo potencial humano.

¿Pero qué tienen que ver los valores con el liderazgo eficiente?

Si bien la temática de los valores en el ser humano ha existido en diversas formas a lo largo de la historia, su entrada en el liderazgo empresarial ocurre a finales del siglo XX, con el enfoque creciente en la ética, la empatía y el bienestar de las personas.

Autores como Peter Druker, considerado el padre del *management* moderno, enfatizó que un buen liderazgo implica no solo alcanzar objetivos, sino también hacerlo de manera ética y responsable. Robert Greenleaf con la introducción del "liderazgo de servicio", James Kouzes y Bary Posner con el desarrollo de la "escala de credibilidad del líder", John C. Maxwell que introdujo la importancia de la "integridad y el carácter" para generar confianza a través de acciones coherentes con sus valores. Más tarde Simon Sinek o Brené Brown, por citar solo algunos de los muchos autores que han contribuido en esta temática tan importante, han continuado desarrollando ideas sobre la autenticidad, el propósito y los valores en el liderazgo.

Anteriormente en este capítulo abordamos la importancia del autoconocimiento en el liderazgo y de cómo este afecta la gestión de las personas. De la misma forma, conocer los propios valores, identificarlos y vivir en coherencia con ellos, es imprescindible para poder guiar a otros.

Si partimos de la base de que los valores son un motor para el comportamiento humano, si es lo que mueve a las personas a actuar de una cierta forma, si son la brújula que orienta el caminar y la toma de decisiones, ¿cómo podría un líder que no conoce sus valores avanzar con coherencia e inspirar confianza? Es evidente que difícilmente podrá hacer que los demás se muevan con afirmación y motivación.

Déjame ilustrar con más detalle el impacto que los valores de un líder pueden tener en su equipo y en su forma de liderar.

Para un líder con un alto valor de "libertad" será muy importante implementar estructuras flexibles, como políticas de trabajo remoto o modelos híbridos. No sabría trabajar sin promover la toma de decisiones descentralizada y empoderar a los miembros de su equipo para que asuman responsabilidad por sus proyectos.

Otro líder en cambio, para el que la "eficacia" sea un valor central, tendría tendencia a promover una cultura de evaluación continua, establecer metas medibles y utilizar herramientas para el seguimiento del desempeño, así como fomentar la mejora constante de procesos.

La "justicia" podría ser otro ejemplo. Un líder para quien este valor es importante, posiblemente se asegura de que las decisiones, como promociones o distribución de tareas, se basen en méritos y no en favoritismos. Escucha todas las perspectivas antes de tomar decisiones y actúa como mediador en conflictos para garantizar soluciones equitativas.

Podríamos seguir enumerando las decenas de diferentes valores que guían a las personas y como cada uno de ellos afecta y condiciona la forma de liderar.

Los valores son fundamentales en el liderazgo, porque actúan como una brújula que guía el comportamiento y las decisiones de un líder. Cuando un líder vive y lidera con base a sus valores, genera confianza, cohesión y un sentido de propósito compartido en el equipo. Esto crea un ambiente donde las personas se sienten valoradas, motivadas y alineadas con los objetivos organizacionales.

Solo cuando el líder tiene la capacidad de identificar sus propios valores, puede identificar aquellos de las personas que gestiona. Entonces, puede comprender lo que realmente los motiva y orientar su liderazgo para desarrollar lo mejor en los miembros de su equipo, así como encontrar una forma de alinearse con los valores de la empresa.

La Ventana de Johari: un modelo de autoconocimiento.

El autoconocimiento solo puede ocurrir cuando estamos convencidos de no saberlo todo sobre nosotros mismos. Cuando tomamos consciencia de nuestra "zona ciega o desconocida" como acuñaron los psicólogos Joseph Luft y Harrington Ingham en los años 50 con el modelo de **"la ventana de Johari"**.

La ventana de Johari es un modelo que ayuda a las personas a comprender mejor su relación consigo mismas y con los demás, a través justamente del autoconocimiento. Al integrar este concepto, los líderes pueden mejorar su comprensión personal y adaptar su comunicación para una mejor eficacia en la gestión de los equipos.

La Ventana de Johari se divide en cuatro cuadrantes:

1. Área Abierta: conocido tanto por la persona como por los demás.

2. Área Ciega: desconocido por la persona, pero conocido por los demás.

3. Área Oculta: conocido por la persona, pero desconocido por los demás.

4. Área Desconocida: desconocido tanto por la persona como por los demás.

VENTANA DE JOHARI

		VISIÓN DE SÍ MISMO	
		CONOCIDA	DESCONOCIDA
VISIÓN DE LOS OTROS	CONOCIDA	**Área pública** Conocimiento que tú y los demás tiene sobre ti mismo. Es aquello que tú ya sabes porque la gente te lo suele decir con frecuencia	**Área ciega** Conocimiento que los otros tienen de ti pero que no te dicen y tú desconoces sobre ti mismo. Alumbrarte aquí, genera sorpresa
	DESCONOCIDA	**Área oculta** Conocimiento de ti mismo que no cuentas a los demás. Son esas áreas que temes mostrar al mundo sobre ti mismo	**Área desconocida** Conocimiento que puedes aprender de ti a partir de las áreas ciega y oculta. Son cosas que ni tú ni los demás saben sobre ti

Estos cuadrantes reflejan diferentes aspectos del autoconocimiento y la percepción que los demás tienen de nosotros. Al trabajar en estos cuatro cuadrantes, los líderes pueden expandir su autoconocimiento y mejorar sus habilidades de liderazgo.

Expansión del área abierta: el objetivo es aumentar la transparencia y la comunicación. Los líderes pueden lograr esto compartiendo más sobre sí mismos con sus equipos (revelación) y solicitando retroalimentación (*feedback*). Esta expansión fomenta la confianza y la comprensión mutua, creando un entorno de trabajo más colaborativo y abierto.

Reducción del área ciega: los líderes deben estar abiertos a la retroalimentación para descubrir aspectos de sí mismos que no conocen, pero que son evidentes para los demás. Esto incluye comportamientos, hábitos y patrones de comunicación. Al reducir el área ciega, los líderes pueden corregir comportamientos que pueden ser perjudiciales y mejorar sus relaciones interpersonales.

Gestión del área oculta: aunque es importante mantener cierta privacidad, compartir información relevante con el equipo puede fortalecer las relaciones y la cohesión del grupo. Los líderes deben discernir qué información personal o profesional es útil compartir para mejorar la comprensión y la colaboración sin comprometer su propia privacidad o seguridad.

Exploración del área desconocida: este cuadrante representa el potencial no explorado y los aspectos del liderazgo que aún no se han descubierto. Los líderes pueden explorar esta área a través del desarrollo personal continuo, la formación y la autoevaluación. Actividades como el *coaching,* la mentoría y la reflexión pueden ayudar a desvelar talentos ocultos y áreas de mejora no reconocidas. También realizar un ejercicio de evaluación 360º puede ser muy útil siempre y cuando las personas proporcionen un buen nivel de detalle sobre el *feedback* que proporcionan en la evaluación.

> *Conocerte a ti mismo es el primer paso para liderar con autenticidad y empatía.*

Beneficios para el liderazgo empresarial

Integrar el autoconocimiento con la Ventana de Johari ofrece múltiples beneficios para los líderes empresariales:

- Mejora de la comunicación: al conocer y compartir más sobre sí mismos, los líderes pueden comunicarse de manera más efectiva y genuina con sus equipos.

- Fortalecimiento de la confianza: la transparencia y la apertura fomentan la confianza mutua, esencial para un trabajo en equipo efectivo.

- Resolución de conflictos: un mejor autoconocimiento permite a los líderes abordar y resolver conflictos con mayor empatía y eficacia.

- Desarrollo personal y profesional: la autoexploración continua y la receptividad a la retroalimentación promueven el crecimiento personal y profesional, manteniendo a los líderes adaptables y resilientes.

En conclusión, el autoconocimiento ayuda en el desarrollo del liderazgo. Al expandir el área abierta, reducir el área ciega, gestionar el área oculta y explorar el área desconocida, los líderes pueden mejorar significativamente su eficacia, inspirar a sus equipos y crear un entorno de trabajo más positivo y productivo, porque "lo que niegas te somete y lo que aceptas te transforma". Solo conociéndote estás más cerca de esa aceptación para poder transformarte.

Esta sinergia no solo beneficia al líder individual, sino que también impulsa el rendimiento y la cohesión de toda la organización.

CAPÍTULO 4:
EL LÍDER COACH

¿Qué descubrirás aquí?

- **Autorresponsabilidad**
- **La confianza**
- **Técnicas de *coaching***
- **Dar *feedback* efectivo**

El liderazgo del futuro se basa en inspirar y empoderar, mirando a las personas del equipo como seres humanos, queriéndolos como compañeros. Ser un líder *coach* es dejar de tener todas las respuestas (ser humano) y convertirte en el que hace las preguntas correctas (nada hay más poderoso que descubrir las cosas por uno mismo).

Este capítulo te mostrará cómo puedes transformar la relación con tu equipo, para dirigir y liderar desde el corazón, y también para ser mentor y guía. Te darás cuenta de cómo los resultados llegan con un desgaste menor. Aprenderás técnicas de *coaching* que te permitirán liberar el potencial de cada miembro de tu equipo, creando un entorno de confianza, aprendizaje y crecimiento continuo, colectivo y colaborativo. Porque el verdadero éxito no se mide por lo que logras solo, sino por lo que ayudas a otros a alcanzar, y por los éxitos que se obtienen de forma colectiva.

Atrévete a dejar de ser un jefe para convertirte en un líder *coach*.

Autorresponsabilidad, cómo puedo contribuir yo.

El término líder *coach* se asocia a la persona que practica un liderazgo donde busca desarrollar el potencial de las personas como herramienta del éxito del equipo en la consecución de sus objetivos, a la vez que las propias personas crecen y se transforman individual y grupalmente. Para ello:

- Tiene un foco mayoritario en las personas.

- Se centra en el potencial de las personas y en las relaciones que estas establecen como equipo.

- Entiende que debe invertir tiempo en el desarrollo de las capacidades de las personas y del equipo.

- Promueve la colaboración y el compromiso de su equipo.

- Adapta su estilo de liderazgo, en función de la situación y de la diversidad de cada persona del equipo.

- Pregunta y escucha a menudo. Tiene en cuenta la opinión de su equipo para tomar decisiones.

- Está atento a las necesidades y preocupaciones de sus colaboradores.

- Desafía y anima a tomar riesgos a su equipo, para que salgan de su zona de confort.

- Genera un espacio de confianza, crecimiento y aprendizaje continuo.

- Apela a las necesidades humanas fundamentales: ser importante, sentirse útil y valioso, formar parte de un proyecto de éxito y de valor.

- Tiene una actitud de "servir" a una causa mayor, un propósito.

- Su objetivo es crear líderes para que el impacto se multiplique en la organización y en la vida.

- Centrándose en el camino consigue los resultados.

Ahora ya puedes tener una primera idea de cómo es y actúa. Muchas y muy profundas son las herramientas que tiene y utiliza en su camino un líder *coach* (este tema nos daría para escribir todo un libro): los valores que nos mueven y cómo alinearlos, la misión y visión de un equipo, las emociones y cómo gestionarlas, las creencias que nos limitan y las que nos potencian, el poder de las palabras, la motivación en las personas y los equipos, el autoconocimiento, el agradecimiento como herramienta de desarrollo, la escucha activa, la confianza, la sistémica en los equipos…

Como no podemos abarcarlas todas, intentaremos darte algunas herramientas prácticas con las que puedas empezar este camino. No buscamos profundidad, pero sí que puedas empezar a operar con ellas: "Caminante, no hay camino, el camino se hace al andar". Para ello hemos elegido unas pocas:

- El autoconocimiento, todo líder empieza desde dentro. Nunca puedo crear ni dar aquello que no tenga (al igual que para invitar a un café miro mi bolsillo para ver si llevo dinero, para crear confianza la debo tener yo antes).

- La confianza, como base incuestionable para la creación de equipos de alto rendimiento.

- Espacios de confianza y el tamaño de los equipos. De la confianza personal al grupo. Existen ciertos límites si queremos tener éxito.

- La escucha activa para entender el entorno y las personas que nos rodean se vuelve fundamental para pilotar un equipo humano. Las preguntas se convierten en una herramienta poderosa para quien sabe usarla.

- Cómo dar *feedback* efectivo para redirigir a las personas y al equipo en función de las circunstancias. El *feedback* nos sirve también para poner límites y facilitar el desarrollo.

- El poder del agradecimiento es una herramienta simple que pone en funcionamiento todos los elementos anteriores y que crea grandes conexiones dentro de un equipo, a la vez que facilita el desarrollo de todos sus componentes.

Llevo acompañando a personas, equipos y organizaciones en su desarrollo desde el año 2010, el proceso de desarrollar un líder *coach* requiere tiempo, una inversión que tiene sus recompensas tanto en la parte profesional como en la vida personal. No tengas prisa y saboréalo con todos sus matices, no he visto nada peor que pasar superficialmente y pensar que ya lo tenemos (la ceguera del que cree saber y apenas ha empezado), cerrándose a su evolución. Yo empecé a formarme en 2002 y hoy sigo aprendiendo.

La confianza

La confianza es la base de todo equipo, sin ella no pueden construirse las relaciones poderosas que trenzarán la fortaleza que unirá a las personas hacia la consecución de los objetivos de forma conjunta.

Por si te quedan dudas, te contaré que, hace unos años, Google andaba detrás de descubrir las causas que hacían algunos de sus equipos para ser los mejores, el llamado proyecto Aristóteles. En esta búsqueda se encontró 5 elementos diferenciales: **seguridad psicológica, confiabilidad, estructura y claridad, significado e impacto**. Dos de los pilares están directamente relacionados con la confianza y se retroalimentan entre ellos: la seguridad psicológica y la confiabilidad.

La seguridad psicológica es cuando los miembros de un equipo se sienten seguros para tomar riesgos y ser vulnerables frente a los demás, lo que les permite mostrarse tal cual son, a la vez que se facilita la expresión de sus ideas, opiniones, dudas y miedos.

Cuando puedes expresar lo que eres en toda su magnitud nace el compromiso.

La confiabilidad sucede cuando los miembros del equipo hacen las cosas a tiempo y cumplen los requisitos de excelencia de Google. Es decir, cuando cumplimos lo que decimos que vamos a hacer y según las normas del entorno.

De forma clara, la confianza se convierte en el ELEMENTO FUNDAMENTAL de todo equipo de alto rendimiento. Entremos pues en materia: tratar con LA CONFIANZA y aprender a desarrollarla.

La confianza es la esperanza firme que uno tiene en algo o alguien según la RAE. Etimológicamente está compuesta por el prefijo *con* (que quiere decir junto o globalmente), más *fides* (fe), y el sufijo *anza* (acción). La confianza tiene muchas aristas y todas ellas son importantes. En el modelo de las 3 C se describe tres tipos de confianza que son esenciales para el éxito de los equipos:
Confianza en el carácter, es decir, que las personas son personas honestas, éticas y confiables. Es la primera y abre la posibilidad de las demás, si esta no se cumple llegamos a las demás con desconfianza.

Confianza en la comunicación, es la creencia de que los miembros del equipo se comunican de forma efectiva y transparente, de forma abierta y honesta. Es decir, cada uno puede expresar verdaderamente lo que siente o piensa sin ser recriminado (cuando he visto esto en las organizaciones que dicen una cosa y al escuchar lo que no les gusta se van al otro extremo).

Confianza en la capacidad, es la creencia de que los miembros tienen las habilidades y capacidades para cumplir sus objetivos.

La confianza en la capacidad se presupone, por algo está cada uno en su puesto (prestar atención a las promociones a puestos de liderazgo, tenemos que preparar a las personas para que tengan las capacidades que les pedimos y que no han ejercido con anterioridad desde ese rol). Date cuenta también de la importancia que toma el carácter de las personas y el estilo de comunicación. El líder siempre debe ser el EJEMPLO en mayúsculas de todos los cambios que se desean realizar, de todo aquello que quieres que tu equipo ofrezca. Tú debes encarnar los comportamientos que se desean potenciar, recuerda "dar para recibir". Tienes que ser el primero en encarnar y mostrar esa confianza en la comunicación y el carácter; además, puedes trabajar para hacerles conscientes a otros de aquello que tú estás dando.

Ejercicio:

¿Qué cosas puedo empezar a hacer para potenciar la confianza en el carácter? ¿y en la comunicación?

Empieza por pocas cosas a cambiar y hazlo.

También puedes preguntarle a tu equipo qué cosas podrías hacer tú para aumentar esa confianza, eso es una buena manera de involucrarse en el cambio.

Hasta ahora hemos visto de qué forma como individuo puedes desplegar la confianza, pero ¿cómo potenciar la confianza dentro de un equipo? Veamos la fórmula de la confianza para entender los elementos que la componen y así comprender qué acciones debemos tomar para que crezca en nuestro equipo.

La fórmula de la confianza es directamente proporcional a la suma de tres aspectos dividido entre la orientación al yo:

$$\textbf{CONFIANZA} = \frac{\text{CREDIBILIDAD} + \text{CONFIABILIDAD} + \text{INTIMIDAD}}{\text{AUTO ORIENTACIÓN}}$$

La credibilidad la obtenemos al hablar con honestidad. Decimos la verdad, no engañamos. El estilo de comunicación, los argumentos que presento, y la lógica que despliego pueden ser parte importante de este elemento: "La mujer del César no solo ha de serlo, también debe parecerlo". ¿Confiarías en alguien que algunas veces te engaña o te oculta información? ¿o en alguien con grandes títulos pero que al contar sus planes no eres capaz de entenderlos ni te convencen?

La confiabilidad es la capacidad y disposición para cumplir los compromisos adquiridos. Cumplimos lo que decimos. Nuestras acciones respaldan lo que digo. También está correlacionada con las capacidades que uno tiene y cómo los demás las ven. ¿Confiarías en alguien que nunca ha conducido un avión y no tiene la titulación adecuada?

La intimidad es una relación de calidad con nuestros compañeros e incluso con nuestros clientes, en la que existe conexión emocional, empatía, y se crea una sensación de vínculo y de cercanía. Ellos saben que cuentan con nosotros para resolver problemas en común y viceversa. Hazte consciente de la importancia que toman las relaciones personales bien gestionadas, posibilitan y aumentan la confianza. Hay una serie llamada *Hermanos de sangre* que narra la historia de la Easy Company, un batallón estadounidense del regimiento 506 de paracaidistas, que luchó en Europa durante la II Guerra Mundial donde se incluyen conversaciones con los protagonistas reales. Ahí podrás ver la importancia que tuvo para ellos crear esos lazos afectivos, para hacer equipo, y cómo les ayudó a superar las duras pruebas de la guerra.

Por último, la autorientación. Somos percibidos como egocéntricos, cuando nuestras opiniones, pensamientos, razones, intereses y decisiones se anteponen a las de los demás. En vez de ser percibidos como socios que buscamos el bien de la organización, somos percibidos como personas que buscamos solamente el bienestar propio, sacrificando al grupo. A medida que la percepción de nuestro egocentrismo aumenta, se disminuye la confianza que creamos. Dicho de otro modo, actúa en base al bien común del equipo y el equipo te dará su confianza y apoyo ciegos.

Una forma de medir la confianza es la calidad y profundidad de las conversaciones que tenemos con otros; cuanto más profundas, mayor es la confianza entre ambos.

Ejercicio:

Elige a un grupo de personas de tu equipo que pueda representar la mirada global o la totalidad si es un equipo pequeño.

¿Cuánta confianza existe entre tú y cada uno de ellos?

¿Cómo está tu credibilidad, confiabilidad, intimidad y egocentrismo?

Pregunta a esas mismas personas su evaluación al respecto y compara sus respuestas con las tuyas. ¿Qué te ha sorprendido de lo que has encontrado?

¿Qué cosas puedes empezar a hacer para fomentar la confianza con los miembros de tu equipo?

Ahora que entiendes un poco mejor de qué va esto de la confianza, es el momento de plantearse qué cosas puedes hacer para construir confianza dentro de tu equipo (más allá de la confianza entre tú y cada uno de ellos). Aquí tienes algunas acciones posibles:

1. **Habla con claridad:** sé honesto. Di la verdad. Hazle saber a la gente cuál es tu posición. Utiliza un lenguaje sencillo. Llama a las cosas por lo que son. Demuestra integridad.

2. **Demuestra preocupación:** preocúpate genuinamente por los demás. Muestra que te importan. Respeta la dignidad de cada persona y cada rol. Trata a todos con respeto, especialmente a aquellos que no pueden hacer nada por ti. Muestra bondad en las pequeñas cosas.

3. **Crea transparencia:** di la verdad de una manera que la gente pueda verificar. Sé real y genuino. Sé abierto y auténtico. Opera con la premisa de: "Lo que ves es lo que hay" (WYSIWYG).

4. **Correcto incorrecto:** corrige las cosas cuando te equivocas. Discúlpate rápidamente. Restituye cuando sea posible. Demuestra humildad personal.

5. **Entrega resultados:** establece un historial de resultados. Haz las cosas correctas. Haz que las cosas pasen. Logra aquello para lo que fuiste contratado. Sé puntual y dentro del presupuesto. No prometas demasiado y no des menos.

6. **Entrega *feedback/feedforward*** tanto de aspectos a resaltar como de elementos de mejora. Fórmate y prepárate con antelación para que la entrega sea de corazón.

7. **Crea un entorno donde aprender,** potencia el aprendizaje y el compartir experiencias (las exitosas para integrarlas, las que no han tenido éxito para aprender). Acepta el error y facilita el aprendizaje que trae. Las dinámicas de retrospectiva son muy útiles para ello.

8. **Acepta y sostén** que tu equipo pueda decirte cosas que no te gustan o no estés de acuerdo, eso es un acto de liderazgo. Nadie es perfecto (ni siquiera tú). Escucha a tu equipo con la mente abierta para entender, especialmente cuando no te gusta lo que oyes. Nunca tomes acción contra el mensajero. Agrace el mensaje.

9. **Agradecer** es un acto de plena conciencia, has de poner atención para tomar conciencia de lo que sucede, debes decidir mostrar ese agradecimiento (¡cómo nos cuesta en la culta española!). Ese paso abre la confianza entre ambos.

Tan importante es realizar actos que potencian como evitar los que van en contra, por ello también es bueno conocer a los enemigos de la confianza:

- Falso *feedback*
- Mensajes incoherentes
- No confiar en los demás
- Benevolencia fuera de lugar
- Actuar como un elefante en una cacharrería
- Desempeño inconsistente
- Comunicación escasa
- Problemas silenciados o información oculta
- Rumores vacíos

- Acciones no alineadas con la comunicación

- Mensajes no alineados con el entorno

No quiero terminar esta parte sin darte un último secreto, aquello que he aprendido en mi experiencia como director comercial, director general, director de personas, consultor y consejero. Si quieres que tu equipo confíe en ti empieza por dos pasos, los pilares de la confianza: confía en ti mismo, y entrégales la confianza, ellos te lo devolverán con creces.

Espacios de confianza y el tamaño de los equipos

En muchas de las personas, equipos y organizaciones a las que he acompañado en su desarrollo, al presentar el concepto de confianza como un elemento fundamental del equipo, les surgen dos grandes cuestiones relacionadas con los límites. ¿Cuál es el número de personas con las que puedo tener confianza, y por tanto el tamaño máximo de los equipos? ¿Cómo se puede gestionar la confianza en las organizaciones grandes?

Para ello vamos a ver qué implica el crecimiento del número de personas de un equipo. Un equipo empieza cuando tenemos al menos a dos personas (aunque yo recuerde perfectamente la primera vez que tuve a una persona a la que dirigir, y ya sentía que tenía un equipo) por debajo, es decir, formamos un equipo de tres A+B+C. Con 3 personas se establecen 3 relaciones AB-AC-BC, y cada relación tiene dos sentidos, por ejemplo: cómo se relaciona A con B, y cómo B con A.

Así conforme crece el número de personas de un equipo, crece el de relaciones:

6	5	15
7	6	21
8	7	28
9	8	36
10	9	45
11	10	55
12	11	66
13	12	78
14	13	91
15	14	105
16	15	120
17	16	136
18	17	153
19	18	171
20	19	190

Con 3 personas más doblamos

Con 4 personas más doblamos

Con 5 personas más doblamos

Observa como al pasar de 8 a 11 doblamos el número de relaciones y que estas se vuelven a doblar al pasar a 15 y de nuevo al pasar a 20. En una red de N persona, una nueva incorporación añade +N relaciones.

Es posible que verlo de forma gráfica pueda ayudarte también a ver cómo se incrementa la dificultad:

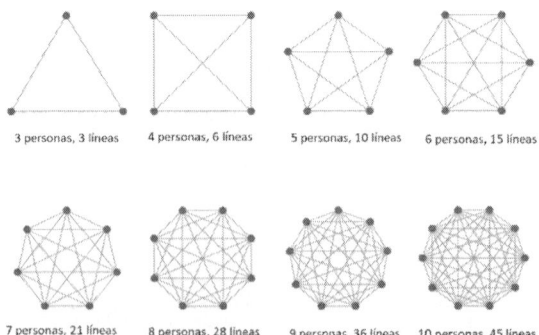

3 personas, 3 líneas   4 personas, 6 líneas   5 personas, 10 líneas   6 personas, 15 líneas

7 personas, 21 líneas   8 personas, 28 líneas   9 personas, 36 líneas   10 personas, 45 líneas

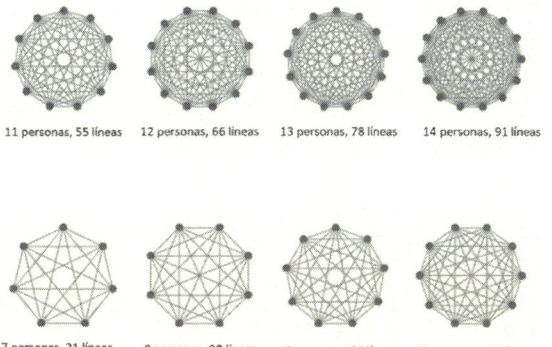

11 personas, 55 líneas   12 personas, 66 líneas   13 personas, 78 líneas   14 personas, 91 líneas

7 personas, 21 líneas   8 personas, 28 líneas   9 personas, 36 líneas   10 personas, 45 líneas

Ese incremento del número de relaciones incrementa la dificultad para construir confianza. Un equipo es más poderoso, está más unido y probablemente más alineado, cuantas más relaciones de confianza tiene. Por ello, nuestra expectativa como líderes es inspirarnos en el equipo ideal donde todos tienen relaciones de confianza con todos, un grupo de personas que se comportan como una unidad (fíjate en el paralelismo de esta palabra con las llamadas unidades de élite).

Las unidades de operaciones especiales como los Navy SEAL están constituidas por 12 miembros, mientras que una compañía regular de los Estados Unidos son 150. Estas cifras no son aleatorias. El antropólogo Robin Dunbar, a través de sus investigaciones, llegó a definir el número de Dunbar, que es la cantidad de personas que puede llegar a relacionarse plenamente en un sistema determinado. Dunbar teoriza que este valor, aproximadamente de 150 personas, está relacionado con el tamaño del neocórtex cerebral y su capacidad de proceso (curioso que sea el mismo que antes).

Investigadores de la universidad de Oxford que estudiaban las relaciones sociales de las personas descubrieron que estas se estructuran por capas, de forma que la mayoría de las personas somos capaces de tener aproximadamente 5 relaciones muy profundas, unas 15 con las que tenemos bastante profundidad (fíjate en como se acerca a las propuestas por los Navy SEAL), 35-50 con las que nos relacionamos con frecuencia, y unos 100 conocidos que tratamos en el día a día. Los expertos hablan de un número máximo entre 8-10 personas para que un equipo pueda estar bien liderado (fíjate en cómo se correlacionan las cifras).

En The Tipping Point, Gladwell dice que 150 es el número máximo de un grupo en que un miembro todavía siente que su contribución y sus acciones tienen efecto en las vidas de los demás. Yo he conocido y acompañado a dos empresas que estructuran su crecimiento en torno a este concepto, de forma que cuando el desarrollo de la organización requiere un número mayor de personas, la organización se divide de forma que nunca exista una unidad de trabajo que sobrepase un número determinado. En un caso la cifra eran 150 personas máximo; en el segundo, mucho más restrictivo, usan 80 como punto de corte. De esta forma ambas organizaciones han ido creciendo a unidades limitadas en tamaño, con mucha independencia, pero correlacionadas entre sí.

También he trabajo con empresas grandes que no siguen esa política. ¿Cómo lo pueden hacer con éxito? De forma orgánica e inconsciente, se crean submundos que se rigen por dichas normas, y ellas actúan solas.

Ahora que eres consciente de las limitaciones numéricas para generar relación (necesaria para crear confianza, y esta imprescindible para tener equipos unidos) ya puedes aplicar acciones conscientes en tu organización para potenciar la confianza, lo que permitirá el florecimiento de equipos y organizaciones más unidas y alineadas.

Creación de espacios: la alianza del equipo

Una vez construida la confianza, llega el momento de crear el marco de actuación en el equipo. Todo equipo y organización tiene unas normas que definen los comportamientos que se esperan en ellos. Cuando hablamos de organizaciones estamos hablando

de la cultura de la empresa, cuando hablamos de equipos lo llamamos la alianza del equipo. Son marcos de actuación que ponen foco en lo que queremos, en nuestras formas de actuar para
sentirnos parte de un equipo, y además marcan los límites donde
no queremos estar.

Ten en cuenta que cada espacio (una iglesia, un bar, una empresa, una central atómica) y cada grupo (amigos de la infancia,
compañeros de trabajo, conocidos, vecinos, club) tiene estableci-
das sus normas. Muchas veces estas normas se conocen a través
de la observación, y en el mejor de los casos se extiende por el
"boca oreja", pero no siempre están recogidas en algún lugar, lo
que promueve que cada uno de los miembros realice su propia
interpretación. Por ello se aconseja que todo equipo tenga claras
y presentes sus propias alianzas. La palabra ALIANZA viene de
aliar, que significa unión entre dos o más partes.

Imagina que se acaba de incorporar una persona nueva al
equipo y empieza a llegar tarde veinte minutos todos los días.
Posiblemente esta actitud genere malestar entre el resto de los
integrantes del departamento, y si nadie le pone fin, esto termi-
nará creando tensiones que se pagarán a medio y largo plazo, o se
contagiará en otros.

Lamentablemente, esto que parece extraño es más común de
lo que se puede llegar a pensar: las normas y sus límites no están
claros, el líder no toma acciones correctivas, y la situación se de-
grada. Acabamos de crear un conflicto evitable.

La alianza es un acuerdo al que tiene que llegar un equipo para
saber cuáles son los límites dentro de los cuales las personas se
sienten cómodas. Un marco que define CÓMO vamos a trabajar

en este equipo. La alianza del equipo es la creación de un marco de referencia común, definido entre todos y aceptado por todos.

Establecer una alianza común para todos los integrantes de un equipo hace que las personas conozcan los límites y sepan qué se puede y qué no se puede hacer, sin entrar en interpretaciones. Dando respuesta a cuestiones como:

- *¿Qué es importante para nosotros como equipo?*
- *¿Cómo queremos trabajar?*
- *¿Cuáles son las reglas del juego (en las reuniones, o al interactuar entre los miembros del equipo)?*
- *¿Cómo nos comportamos, especialmente cuando hay dificultades?*
- *¿Qué entendemos por confianza en este equipo?*
- *¿Cómo se tomarán las decisiones?*
- *¿Cuál es el compromiso de las miembros con el equipo?*
- *¿Qué elementos debemos evitar y que pueden causar malestar dentro del equipo?*
- *¿Cuáles son los comportamientos que esperamos como comunidad y que nos identifican?*

Es importante que los conceptos que pongas en la alianza queden claros para todos. Pongamos un ejemplo: un aspecto de la alianza puede ser la puntualidad, pero ¿qué significa puntualidad? y ¿puntualidad en qué exactamente? Una persona puede decir: "Hay que ser puntual, porque es una norma básica de trabajo en equipo"; otra decir: "Depende del tráfico, porque tampoco hay que ser tan rígidos con el horario" o "Cada uno tiene que ser responsable de su trabajo"; e incluso otra añadir: "5 o 10 minutos de margen es suficiente, más allá de este tiempo me parece abusivo y una falta de respeto". Cualquier solución es buena, lo relevante es ponernos de acuerdo, estar todos en la misma página y que sepamos cómo comportarnos como colectivo.

El objetivo es crear un espacio seguro, determinado y conocido, en el que todos, de forma individual y colectiva, comprendamos las normas de convivencia que deseamos y, desde ahí, podamos ser nuestra mejor versión individual conectados en red con los demás.

¿Por dónde empezar? Te propongo que empieces definiendo la alianza para darles forma a tus reuniones con el equipo. La alianza tiene que estar definida con la participación de todos los miembros y consensuada (es la forma de que sea aceptada).

Ejercicio:

- Reúne al equipo

- Cuéntales qué es la alianza y para qué os servirá

- Empieza a preguntarles todas esas cuestiones que terminarán dando forma al espacio compartido: ¿cómo queremos comportarnos en estas reuniones? ¿Qué es importante que todos cumplamos?…

Un líder coach no dice a su equipo qué hacer, los ayuda a descubrirlo por sí mismos.

Te voy a dar algunos ejemplos que tal vez te puedan inspirar:
- Compromiso con el equipo, todos trabajamos para el éxito del equipo.

- Cumplir con las tareas asignadas.

- Escuchar con ganas de entender, antes de hablar.

- Puntualidad en empezar y terminar.

- Honestidad y buena intención en la participación.

- Aportar para construir, no para destruir.

- Participación de todos los miembros. Promover que todos tengan voz.

- Móviles desconectados salvo caso de vida o muerte.

Cada una de las aportaciones debe tener la aprobación de todo el grupo para que tenga fuerza. Si alguno de los miembros no está de acuerdo con alguna de las normas, dedícale tiempo, ten las conversaciones necesarias para entender las partes, busca cómo describirla o especificar las excepciones (como el ejemplo de los móviles) para recibir la aprobación de todos.

Procura que no sea una lista muy larga (yo aconsejo 7-10 normas). Menos es más. Es mejor tener pocas, integrarlas bien y cumplirlas, que una lista extensa difícil de recordar y que no sirva realmente de guía. Una buena práctica, una vez ya lo tengas definido, es llevarlo físicamente a cada reunión (especialmente al principio), y leerlo en alto antes de empezar la reunión. En los equipos que acompaño siempre hacemos una bandera con la alianza, al llegar la desplegamos sobre la mesa que compartimos o la colgamos en una pared para leerla. Este tipo de rituales ayudan a interiorizar y asentar las nuevas dinámicas.

Por último, ten en cuenta que la alianza puede cambiar con el tiempo, el equipo puede darse cuenta de que hay conceptos a pulir, cada iniciativa de este tipo es una puerta para dialogar todos sobre un tema concreto, o tal vez algunos aspectos estén tan integrados que ya podemos sacarlos de la lista, o vemos que hemos olvidado alguno primordial, en ese tránsito puedes añadir elementos nuevos después del acuerdo de grupo.

> *El liderazgo no consiste en dar órdenes, sino en liberar el potencial de cada miembro del equipo.*

Técnicas de *coaching*

Escucha empática

La mayoría de las personas pasan su vida aprendiendo a comunicarse en forma escrita o hablada, pero tienen poco entrenamiento en escuchar, en entender verdaderamente a la otra persona desde su propio marco de referencia. Es poco común la persona que escucha con la intención de entender. En general se escucha con la intención de contestar. Escuchar con empatía es una herramienta muy poderosa, que te proporciona información precisa con la que trabajar. En lugar de filtrar lo que dice una persona a través del filtro con el que tú ves el mundo, tienes que entender cómo la otra persona lo ve.

Ejercicios:

Reflexiona y anota tus respuestas:

¿Cómo escuchamos a cada uno de los miembros de mi equipo?

¿Qué prejuicios o suposiciones se activan con cada uno?

¿Cómo escucho a mi equipo?

Escuchar es un acto relacional que se ubica entre lo que se pide y lo que se acuerda, y tiene un aspecto fundamental: la atención. En función del nivel de atención podemos encontrar diversos tipos de escucha:

- Superficial, cuando oímos sin prestar mucha atención, nos perdemos detalles.

- Selectiva, al escuchar solo con la parte que nos interesa, aplicando filtros, juicios e interpretaciones. También puede darse al escuchar la totalidad de un mensaje y luego seleccionar los detalles que te resultan relevantes.

- Activa, cuando observas el lenguaje corporal, el tono de voz y el mensaje, mientras se da una profunda conexión con la persona en busca de la comprensión.

- Empática, se caracteriza por tu presencia al servicio de entender y conectar con la otra persona, logrando ser capaz de ponerte en la piel del otro. Hay involucramiento emocional sin mimetizarte, e interpretas el mensaje desde el punto de vista del emisor.

Después de la necesidad física de sobrevivir, la necesidad más importante de una persona es la de sobrevivir psicológicamente, ser entendido y apreciado. Al escuchar con empatía, estarás llenando esa necesidad. Una vez que la persona tiene sus necesidades básicas cubiertas, baja sus defensas, y entonces puedes influenciarlo. Stephen Covey en su famoso libro *Los 7 hábitos de la gente altamente efectiva*, nos habla de "entender primero para ser entendido", presta atención al orden que propone, bajo mi prisma conecta totalmente con la idea de "liderar es servir".

En una conversación podemos prestar atención y "escuchar" de manera consciente los distintos elementos que la componen:

- Las palabras que se dicen.

- El tono y el volumen en que se dice cada una de ellas.

- La secuencia o guion que se está entregando (el mensaje).

- Las emociones que transmite.

- La pronunciación de las palabras (aquellos mensajes que nos cuestan tienden a tener particularidades evidentes si te fijas).

- La postura corporal de la persona y los cambios que tiene según lo que cuenta.

- La mirada de la persona y sus expresiones faciales.

- Cómo me están afectando a sus palabras.

- Etc.

La escucha empática consiste en centrarse en el otro, desactivando interiormente nuestros juicios, nuestra mente que pretende responder (para negar o afirmar), simplemente estar en el otro para captar todo lo que pueda.

Ejercicio:

Ahora que sabes un poco más de la escucha, revisa tus respuestas escritas. ¿Dónde se centró tu atención? ¿Qué "escuchaste" y qué no?

Busca una circunstancia donde sentiste que tu escucha era empática. ¿Qué cosas de la situación favorecieron que eso sucediese? ¿Qué cosas hiciste tú (actitudes, comportamientos, acciones) que favorecieron tu escucha?

Pregunta a algunas personas cercanas que te digan en qué momentos se han sentido escuchados empáticamente por ti. Ahora puedes repetir el análisis de estos momentos para entender más sobre ti.

Busca una circunstancia donde sentiste que tu escucha NO fue nada empática. ¿Qué cosas de la situación favorecieron que eso sucediese? ¿Qué cosas hiciste tú (actitudes, comportamientos, acciones) que favorecieron tu NO escucha?

Todos somos humanos y como tal tenemos cambios. Después de este ejercicio ya puedes ver que eres capaz de escuchar empáticamente, así como que hay momentos donde nos resulta muy complejo por no decir imposible. Date cuenta de que con este ejercicio trabajamos la conciencia, ahora tienes elementos claros a identificar y poder corregir para que tu escucha sea mucho más empática. Acabas de descubrir:

a. Los identificadores internos y externos que te frenan, con lo cual al verlos de nuevo puedes combatirlos.

b. Los identificadores que te favorecen, para potenciarlos y para usarlos como antídoto frente a los frenos.

La gran pregunta es: ¿cómo podemos desarrollar la escucha empática? Más allá de los identificadores que has encontrado y que sirven para guiarte, también puedes:

Aceptar que el mundo de las personas es distinto al nuestro, y que es imposible estar en su lugar, pero es posible acercarse y hacerles sentir que estás a su lado.

Activar tu modo "Interés real por el tema o persona". Prepararse para estar es ese estado de forma consciente te ayudará a conseguirlo. Tal vez puedas hacer unas respiraciones profundas y lentas, para calmar tu mente y abrir el interés (que no intereses) verdadero. Si lo que activas son los intereses que tú tienes en él o a través de él, se dará cuenta.

Escuchar con tus ojos, corazón y oídos. Solo oír no es suficiente, porque solo un pequeño porcentaje de la comunicación corresponde a las palabras. El resto se divide en el lenguaje corporal y el tono o la forma en que se dicen las palabras. Es necesario escuchar lo que no se dice, sin importar lo duras que puedan parecer las personas.

Silenciar o bajar el volumen de tu voz interior. Es fácil dejarse arrastrar por ella, trata de silenciarla (la práctica de la meditación o el *mindfulness* ayuda), para ello pon toda tu atención en el otro.

Ver el mundo como los demás lo ven. Ponte en su lugar. Para llegar a ser genuino al escuchar, necesitas salir de tu lugar y ponerte en el del otro, ver el mundo como los demás lo ven y tratar de sentir lo que ellos sienten. Muchas personas actúan como si fuese necesario "ganar" la conversación, lo importante es entender primero.

No suponer, sino preguntar para comprender. Las preguntas nos ayudan a profundizar en el mapa del otro y traducirlo a nuestra manera de ver el mundo. Pregunta desde la autenticidad, y desde la voluntad real de comprender (sin juicio).

Practicar el reflejo. ¿Qué hace un espejo? No juzga, no da consejos. Reflejar es repetir con tus propias palabras lo que la otra persona dice y siente. Es distinto a imitar, la idea es ser cálido, atento y demostrar a la persona que la estás entendiendo, o tratas de hacerlo. Para reflejar necesitamos desear comprender a los demás, si no, se sentirán manipulados.

Confirmar lo que tú has entendido para validar la comprensión. Muchas veces nuestra mente crea una idea equivocada de lo que escuchamos, usa tus palabras, lo que has comprendido para que sea la fuente quien te valide o ajuste.

Como puedes ver, la capacidad de preguntar con interés real se vuelve crítica en esta habilidad. El interés real solo tú lo puedes activar en tu interior, la capacidad de preguntar se puede aprender. Los grandes preguntadores están muy conectados con la curiosidad. Algún día escribiré un libro sobre cómo preguntar, hoy te introduzco brevemente en este mundo apasionante.

Siempre empezaremos por preguntas genéricas, y según sus respuestas iremos "cerrando y dirigiendo" la conversación hacia lo que nos interesa a través de preguntas cerradas.

Existen muchos tipos de preguntas, y cada una tiene una finalidad distinta, déjame que te presente tan solo cuatro de ellas.

Las **peguntas abiertas** son aquellas que no se responden con SÍ/NO ni con un set de posibilidades (blanco-negro, esto-aquello, A-B-C…). Permiten recoger mucha información, empezar una conversación o recoger información del interlocutor. Normalmente empiezan con por qué, cómo, cuál, cuándo, qué, a quién…

> *¿Por qué cree que el actual gobierno de la ciudad debería darle más importancia a la educación?*
>
> *¿Cuáles creen que deberían ser las prioridades del recientemente electo presidente?*
>
> *¿Cómo define la palabra discriminación?*
>
> *¿Quiénes fueron los asistentes al acto?*
>
> *¿Qué opinión tienes de la situación actual?*

Una vez tenemos un marco general, ya podemos empezar a utilizar otros tipos de preguntas que nos ayudarán a concretar con mayor precisión qué está queriendo decir.

Las **preguntas cerradas** son aquellas que van dirigidas a detallar, a limitar las posibilidades, y nos fuerzan a elegir entre opciones SÍ/NO (opciones polares) o a elegir entre un grupo de opciones acotadas.

> *¿Estuvo usted el día del accidente en la casa de su suegra?*
> *¿Esta es la casa que está en venta?*
> *¿Tienes el teléfono del mecánico de urgencias?*
> *¿Prefiere la entrega hoy, mañana o la próxima semana?*

Convirtamos el último de los ejemplos en una pregunta abierta para apreciar la diferencia: "¿Cuándo quiere que se lo entreguemos?". Con ella estamos abriendo la posibilidad de otras respuestas no contempladas en la cerrada.

Las **preguntas de posibilidades** facilitan buscar alternativas, invitan a imaginar para crear una respuesta. Nos ayudan a salir de la rigidez de nuestras creencias y posiciones, buscan crear un puente dorado entre los participantes involucrándolos en las soluciones.

> *¿Cómo podríamos hacer para que…?*

Las **preguntas condicionadas**, nos ayudan a encontrar soluciones que acercan posturas y buscan encontrarse en una propuesta que sirva a ambas partes. Conectan dos o más acciones en cascada para que se genere una acción resultante, que es en definitiva la que se busca. Nos ayuda a reducir los impedimentos de las partes por un bien mayor.

¿Si yo hago…, tú podrías…?

Hay muchas más que enseñamos en el taller *El poder de las preguntas*, porque lo relevante no es conocerlas, sino saberlas usar (yo sé la teoría de cómo se hacen malabares con cinco pelotas simultáneamente, pero no soy capaz, aún, de hacerlo) y utilizarlas en el momento adecuado. Te hemos presentado 4 tipos de preguntas con las que ya puedes empezar a poner en práctica con tantas posibilidades como tenga tu imaginación.

> *Preguntar es un acto de liderazgo.*
> *Escuchar es un acto de sabiduría.*

Dar *feedback* efectivo

Así como la vida cambia y evoluciona, los equipos se ven también envueltos en su desarrollo y crecimiento. El *feedback* bien dado, un *feedback* efectivo, es una de las herramientas más poderosas para gestionar ese desarrollo tanto personal como grupal.

Trabajar sin tener *feedback* es como conducir de noche por una carretera sin iluminar, con los faros apagados, que, aunque la conocemos de memoria, no somos capaces de ver las cosas y los cambios, así difícilmente corregiremos nuestros errores hasta después de los incidentes.

Date cuenta de que en muchos de los ejercicios que te he propuesto hasta ahora, hemos empezado con tus propias reflexiones, para luego pedir la opinión, la voz, la mirada (fíjate en cómo utilizo el sistema VAK) de nuestros compañeros. Estamos buscando su *feedback* para compararlo con nuestras percepciones y ser capaces de mejorar para ellos (dar para recibir).

Recuerda que la vida se siente a través de los sentidos, se filtra a través de nuestras creencias, se interpreta mediante nuestra naturaleza (Rojo-Amarillo-Verde-Azul) y se reacciona en base a las percepciones que todo ello nos provoca. Así pues, son las percepciones lo que nos lleva a actuar. Tener *feedback* de los que reciben nuestras acciones nos ayuda a modular las percepciones que generamos en otros.

El *feedback* facilita los límites para no perder el camino, y dirige en la dirección correcta. El *feedback* nos ayuda a entender los impactos que generamos y pone luz en nuestros puntos ciegos (aquello que no vemos de nosotros, pero sí muchos otros). Así pues, es una herramienta fundamental para el líder, el equipo y el desarrollo.

Si hemos construido un equipo donde la confianza se cultiva y promueve, probablemente hemos construido un espacio seguro en el que expresarse, en el que dar y recibir *feedback* para crecer es una práctica común y bien recibida. Vamos ahora a ver la metodología para ser eficaz en estas acciones.

Debes tener claro que dar *feedback* efectivo requiere de atención al detalle y de un trabajo previo, especialmente al principio.

Frases que solemos utilizar como:

- Comunica bien

- Necesita ser más estratégico

No nos están diciendo nada, son generalidades que evalúan e interpretan, no describen comportamientos específicos que el oyente pueda cambiar, dejan en el oyente la interpretación y desde ahí no hay aportación de valor, ni evolución.

El *feedback* efectivo debe permitir al receptor avanzar, comprendiendo exactamente lo que ha hecho y el impacto que ha tenido. Avanzar significa dar ideas concretas de comportamientos a cambiar, o reforzar comportamientos para que estos se consoliden.

Aquí te dejo mi decálogo del *feedback*, te puede servir para comprenderlo mejor antes de entrar en materia:

1. Busca espacios regulares para dar *feedback*, es la mejor forma de garantizar la mejora continua.

2. Ponte en modo CONSTRUCTIVO, antes de dar *feedback*, desde donde lo entregas pesa mucho en el impacto.

3. Prepara las sesiones de *feedback* previamente, las palabras cuentan.

4. El *feedback* no juzga a las personas, tan solo clarifica las acciones, comportamientos y consecuencias de forma neutra.

5. Nunca des *feedback* a través de las palabras de otros.

6. Evita las exageraciones y generalizaciones con palabras como "nunca", "siempre".

7. El *feedback* debe ser corto y concreto.

8. No utilices nunca el sarcasmo ni utilices preguntas al dar *feedback*, sé asertivo con palabras que surjan del corazón.

9. No entres en sesiones de *feedback* solo para temas a mejorar, potencia el agradecimiento y refuerza las buenas prácticas.

10. Recibe tanto *feedback* como des, tú también tienes derecho a crecer, y si eres el responsable del equipo es fundamental ser ejemplo de cómo recibirlo.

El primer elemento que ponemos para poder dar un *feedback* efectivo es la atención. Para preparar un buen *feedback* tienes que analizar la situación que deseas trabajar, buscando los comportamientos concretos.

Siguiendo los ejemplos que hemos dado como generalidades, deberíamos responder a:

¿Qué hizo que pensaras que su pensamiento no era suficientemente estratégico?

¿Qué dijo y cómo lo dijo que te hizo pensar que comunicaba bien?

Una vez tengo identificadas las evidencias, ya puedo entrar en la metodología FEED que nos guiará en este proceso. El acrónimo FEED significa:

Facts = son los HECHOS, las cosas concretas, comportamientos, palabras, gestos, que han pasado, narradas como un periodista neutro, de forma objetiva y sin aplicar ningún juicio. Cuantos más detalles se den mejor se comprenderá el mensaje.

Emotions = hablamos de las EMOCIONES que te han hecho sentir, las acciones descritas en HECHOS. Estas emociones tienen que ser narradas como un periodista neutro, de forma objetiva y sin aplicar ningún juicio. Date cuenta de que nadie puede cuestionar cómo te sientes frente a una situación. Habla con el corazón de forma sincera y transparente.

Efects = los EFECTOS que se producen en ti, o en otros que sean observables por compañeros o clientes. Se trata de los impactos, las consecuencias visibles que los actos descritos en HECHOS han provocado, narradas como un periodista neutro, de forma objetiva y sin aplicar ningún juicio.

Demands = Las PETICIONES concretas que hago. Todo aquello que pido y que marcaría una mejora significativa de la situación a la vez que un desarrollo de la persona.

En este proceso es MUY IMPORTANTE no usar ningún tipo de juicio de valor, ni sarcasmos, ni preguntas retóricas. Cuida siempre las palabras que usas, tu tono de voz y la entonación que les das a las palabras.

Juan llegó ayer tarde a la oficina y le decimos:
"Hombre, puntual como siempre".
O algo como…
"¿De verdad no puedes hacer un esfuerzo para llegar a tiempo?".

Esto NO ES *FEEDBACK* EFECTIVO.

Déjame que vuelva a insistir en los juicios, uno de los errores más comunes y muchas veces inconscientes. Frases como:
"Fue irrespetuoso en la reunión".
"Estaba ocupada durante la reunión".
"Parecía aburrida en la presentación del equipo".

Comunicamos juicios mediante adjetivos que describen a la persona, pero no las acciones de esta. Describen impresiones o interpretaciones del observador. Tenemos que buscar los comportamientos que nos han inducido a pensar eso, por ejemplo:
"Habló al mismo tiempo que lo hacia otra persona" (podría ser el comportamiento que nos lleva a pensar que es irrespetuoso).
"Se inclinó en la silla, escribió notas cuando otras personas hablaban, y después repitió cosas ya dichas" (ocupada).
"Bostezó, cerraba los ojos una y otra vez, miraba por la ventana constantemente" (aburrida).

¿Te das cuenta de la diferencia? El feedback eficaz debe captar no solo lo que las personas hacen, sino cómo lo hacen, lo que dicen y cómo lo dicen. Se puede prestar atención al lenguaje corporal, el tono de voz y la manera de hablar, la elección de las palabras (esto suena a escucha empática).

Ya tienes en tus manos la poderosa herramienta del *feedback* eficaz, donde hablamos de corazón a corazón con la voluntad de entregar un regalo que sirva para la mejora y desarrollo de la persona, con AMOR.

Ejercicio:

¿De qué te has dado cuenta al hablar de *feedback*?

¿Cómo puedes mejorar tu *feedback* y hacerlo efectivo?

Busca al menos a dos personas de tu equipo para darles *feedback*, prepáralo en profundidad y entrégalo con corazón. Deja pasar un par de días y pídeles *feedback* sobre tu entrega. ¿Qué te han regalado para mejorarlo?

Nuestro cerebro está diseñado para cubrir los huecos, por ejemplo, al leer un texto donde faltan algunas letras, somos capaces de entender el mensaje. Del mismo modo, cuando escuchamos nuestra atención selecciona ciertas palabras e ideas y les da más importancia, a la vez que cuando no decimos las cosas con suficiente claridad nuestro cerebro las interpreta como uno quiere.

Y para ir cerrando este capítulo, ser un líder *coach* implica un cambio en el *mindset*, que transforma la forma de vivir y de liderar. Al dejar de imponer respuestas y empezar a guiar con preguntas, has comenzado a construir relaciones más fuertes y genuinas con tu equipo, construyendo vínculos. Has aprendido a escuchar activamente, a desafiar sin imponer y a inspirar sin controlar. Liderar un equipo va de construir un entorno donde cada miembro se sienta parte de un propósito mayor en el que crecer de forma individual y grupalmente.

Ahora es momento de dar un nuevo paso, conocerte a ti mismo para aprender a ver a los demás. Solo desde ese conocimiento serás capaz de modelar tus palabras y tus acciones para que tengan un impacto más profundo. Despierta tu conciencia y aprende a usar el lenguaje de la influencia para elevar a tu equipo.

> *El mejor regalo que un líder puede dar a su equipo es creer en ellos antes de que ellos mismos lo hagan.*

Capítulo 5:
El poder personal (influencia)

¿Qué descubrirás aquí?

- **El poder personal (influencia)**
- **Conciencia & hábitos**
- **El discurso interior del líder**

El poder personal no se mide por la posición que ocupas, ni por el título que llevas, sino por quién eres y cómo actúas. El poder personal se mide por la capacidad que tienes para influir positivamente en tu entorno, por el impacto que generas con tus acciones y por la forma en que inspiras a otros a seguirte, no porque tengan que hacerlo, sino porque quieren hacerlo. Este capítulo te invita a explorar y conocerte mejor para activar el poder personal que anida en ti, a comprender cómo tu presencia, tus palabras y tus acciones pueden transformar la dinámica de un equipo y el rumbo de una organización. Se trata de liderar desde el ejemplo, de ser el faro que guía en la tormenta y el ancla que proporciona estabilidad. Prepárate para descubrir el verdadero significado de la influencia y cómo puedes utilizarla para crear un entorno de confianza, crecimiento y éxito compartido.

¿Cómo quieres ser recordado y cuál es el legado que deseas dejar? Es hora de despertar tu poder personal y usar tu influencia para marcar la diferencia en tu entorno. Toma el control de tu impacto y conviértete en el líder que otros eligen seguir.

El poder personal (influencia)

El poder personal es aquello que nadie nos puede quitar, es la capacidad que tenemos las personas para decidir cómo actuar o cómo comunicar frente a las distintas situaciones de la vida (especialmente en las difíciles para nosotros). Imagina por un instante que tuvieses la capacidad de hablar todos los idiomas de la tierra, de forma que al visitar Francia hablarías francés, al estar en Alemania lo harías en alemán, etc. Entonces ¿por qué los líderes tienden a hablar su propio idioma y no lo adaptan a las personas a las que se dirigen? Con ello serían más efectivos.

El poder personal empieza conociéndose a uno mismo para poder ver también qué nos conecta o qué nos aleja de los demás, de forma que podamos cambiar la forma de comunicarnos con ellos. Sí, el líder es quien adapta su mensaje y estilo de comunicación, el que establece el puente de conexión, el que es capaz de gestionar su poder personal (como actúa y cómo comunica) para ser más efectivo, por eso se le llama líder.

El poder personal es conocerse y gestionar nuestras propias emociones, a la vez que conocemos a nuestros interlocutores, para adaptar nuestras palabras, expresiones y mensajes con el fin de influir en los demás.

En mi experiencia el poder personal y la capacidad de influencia nacen de dos raíces: la autenticidad y la bondad (el corazón). Dentro de esta olla a presión que es la vida actual llena de prisas, estrés y presiones crecientes, existe un único remanso de paz en nuestro interior que debemos aprender a gestionar y cuidar para no perdernos en la vorágine diaria. En realidad, es lo único que podemos controlar, y desde ahí facilitar que nuestra vida y nuestro entorno cambie. Solo de esta manera podremos enfrentarnos a los múltiples retos y salir airosos. La única forma de mantenernos cuerdos con el mínimo desgaste posible es ser nosotros mismos, personas auténticas que se conocen y reconocen, y desde ahí aceptar nuestras limitaciones y saber poner límites, con amor y respeto. Eso es poder personal, eso es verdadera influencia.

La primera raíz es la autenticidad, que significa original, verdad, certeza, realidad, que responde a sí mismo, es decir, que es capaz de mostrarse y comportarse tal cual es sin engaños, con sinceridad hacia sí mismo y hacia los demás, a la vez que acepta la responsabilidad de sus actos y decisiones. Así pues, la primera raíz nos invita a empezar por conocerte a ti mismo.

> *El que conoce el exterior es erudito, el que se conoce*
> *a sí mismo es sabio. El que conquista a los demás*
> *es poderoso, el que se conquista a sí mismo es*
> *INVENCIBLE.*

Lao-Tse ya nos daba pistas claras hace 2.000 años sobre la importancia de conocerse, así que vamos a empezar por aquí. Para ello vamos a utilizar el test de los colores en el que se recogen conceptos de la teoría de Carl Jung y que te ayudará a entender tu estilo de comunicación y de relación (más adelante te hablaremos de otros dos sistemas más: modelo Bridge® y Predictive Index®).

El test analiza dos variables; la preferencia hacia la introversión o extroversión, por un lado; y, por otro, la preferencia hacia el pensamiento o el sentimiento.

Observa que hablo de preferencia, esto quiere decir que todos tenemos características de todas, pero siempre hay uno de ambos que domina en nosotros y que por tanto aparece más habitualmente:

Las personas con preferencia hacia la introversión son reflexivas, piensan en su interior, tienen más facilidad para concentrarse, primero piensan, luego hacen, les gusta profundizar en los temas que les interesan y recuperan la energía en soledad.

En cambio, las personas con preferencia hacia la extroversión piensan en alto, son expresivas, buscan la interacción, primero hacen, luego piensan, les llama la atención todo, es decir, tienen muchos intereses y recuperan la energía a través de la relación con los demás.

¿Dónde te ubicas tú? Analicemos ahora la segunda variable:

Las personas con preferencia hacia el pensamiento toman las decisiones basadas en la lógica y en la objetividad, son rápidas para ver los errores y analizan los temas con neutralidad.

En cambio, las personas con preferencia hacia el sentimiento son empáticas, son rápidas para mostrar aprecio y encontrar puntos en común y toman decisiones según sus valores y convicciones.

¿Dirías que tienes tendencia hacia el pensamiento o el sentimiento? Una vez te has posicionado, es el momento de que te presente el modelo de los colores: 4 colores, 4 formas de ver la vida y de estar presente en ella.

Si tienes preferencia por el pensamiento y la introversión, tu color es el azul.
Si tu preferencia es el pensamiento y la extroversión, el rojo.
Si es la introversión y el sentimiento, sería el verde.
Por último, si es la extroversión y el sentimiento, el amarillo.

Veamos ahora algunas características de comportamientos de cada uno de ellos:

Las personas de color **ROJO**: su lema es "Hagámoslo ya", "No me hagas perder el tiempo". Personas audaces, directas, decididas, rápidas y seguras. En un mal día, llevan al extremo sus virtudes y se muestran controladoras, intolerantes y arrogantes. Se sienten atraídas por los retos, la acción, la superación, la ausencia de límites, la independencia. Son personas que confían en sí mismas y muestran seguridad.

Las personas de color **AMARILLO**: su lema es "Hagámoslo juntos", "No me aburras con tantos datos". Personas comunicativas, espontáneas, positivas, creativas y sociables. En un mal día se muestran indiscretas y frenéticas. Se sienten motivadas por la novedad, el trabajo en equipo, los nuevos proyectos, el buen ambiente y la libertad de expresión. Tienen mucha orientación a las personas.

Las personas de color **VERDE**: su lema es "Hagámoslo en armonía", "Pregúntame si quieres saber lo que pienso". Son personas conciliadoras, constantes, tolerantes, pacientes, son sensibles y empáticas. En un mal día, llevan al extremo sus virtudes y se muestran sumisas, dependientes e inseguras. Necesitan sentirse útiles y que se lo transmitan, valoran mucho un ambiente positivo y necesitan conectar con los valores y la visión de la empresa. Buscan crear y mantener relaciones armoniosas y valoran los objetivos compartidos.

Por último, las personas de color **AZUL**: su lema es "Hagámoslo bien", "Dame la máxima información posible". Son personas precisas, analíticas, formales y objetivas. Gustan de llevar una vida ordenada y suelen ser prudentes. En un mal día, llevan al extremo sus virtudes, convirtiéndolas en defectos; suelen mostrarse rígidos, fríos y reservados. Les gustan los procesos definidos, los temas estructurados y ordenados, las agendas en las reuniones y tienen mucha orientación a la tarea.

Ahora que ya conoces la base de cada uno de los colores, ¿te reafirmas en tu color? Conocerse es un viaje profundo que requiere tiempo y dedicación, pero que rentabilizarás con creces. No creas que con esto ya lo sabes todo, pero sin duda alguna ya has dado un primer paso.

Recuerda que cada uno de nosotros tenemos características de todos los colores, pero que hay UNO que tiende a dominar. Este conocimiento te ayuda a verte a ti mismo a la vez que te proporciona la posibilidad de alterar, desde la conciencia, los comportamientos naturales de tu color que no te llevan donde necesitas.

También te resultará útil para conocer a los demás y entender mejor sus comportamientos y las diferencias contigo, especialmente cuando dos personas se ubican de forma opuesta, es decir, Rojo-Verde, Azul-Amarillo. Estas combinaciones opuestas son las más difíciles de encajar. Conocer a los demás, a la vez que a ti mismo, te permitirá adaptar el estilo de comportamiento y comunicación a tus interlocutores, y ahí estarás usando tu influencia.

Ejercicio:

Haz una lista de las cinco características que mejor te definen y que crees ven los demás en ti. Busca las 3 cosas que deberías mejorar. Aquí tienes TU MIRADA.

Ahora identifica 5-7 personas con las que trabajes e interactúes a menudo. Pregúntales cómo te ven: cuáles son las 5 características que mejor te definen según su mirada, cuáles son las 3 cosas que deberías mejorar.

Ahora ya puedes comparar tu mirada con la suya. ¿Sorprendido? No importa mucho lo que nosotros creemos transmitir, lo relevante es cómo nos ven los demás. Si hay algunas diferencias, ya tienes elementos claros para empezar a trabajar tu transformación.

Trata de identificar el color de las personas de tu equipo, y las personas a las que reportas, ello te permitirá personalizar tu forma de tratarlos y comunicar con ellos para aumentar tu efectividad.

"Nada es verdad ni es mentira, todo depende del color del cristal con que se mira". Cuánta verdad hay en estas sabias palabras, porque las personas actuamos y nos movemos en base a lo que percibimos, no en base a la realidad que sucede.

Nuestro cerebro está programado para prestar más atención a ciertas cosas y a omitir otras. Experimentamos el mundo a través de los sentidos, por lo que nuestra realidad cotidiana es fruto de nuestra experiencia sensorial, una interpretación de la información que recibimos filtrada a través de nuestras creencias.

Los sistemas representacionales nos hablan de la manera en que captamos, seleccionamos y codificamos la información en nuestro cerebro, que la procesa en base a lo que vemos, oímos y sentimos. Es decir, los sistemas representacionales cuentan cómo me relaciono y comunico con el mundo.

Hablamos de tres sistemas representaciones, el llamado VAK, compuesto por: el visual, el auditivo y el kinestésico (lo que sentimos). Conocer nuestro sistema dominante y el de las personas con las que interactuamos nos facilita, una vez más, la modulación y personalización de nuestros mensajes para ganar en efectividad.

Las personas con SISTEMA VISUAL dominante: tienden a captar el mundo a través de lo que ven, por ello si queremos impactar en ellos utilizaremos soportes gráficos. Todo aquello que "pueda entrar por los ojos" reforzará nuestro mensaje y los ayudará a una mayor comprensión de lo que se está contando. Recuerdan lo que ven o hablan, y se comunican haciendo referencia a imágenes. La forma de conectar y estructurar pensamientos es CIRCULAR, por eso en su comunicación tienden a saltar de una idea a la otra. Utilizan palabras con atributos visuales como: *ver, imaginar, enfocar, mostrar, luminoso, claramente, a primera vista, proyectar.*

Aquellas con SISTEMA AUDITIVO dominante: tienden a captar el mundo por el oído. La palabra, la entonación, el tono y el volumen serán los vectores fundamentales para hacerles llegar nuestros mensajes. Recuerdan lo que oyen y hablan, y se comunican haciendo referencia a lo que oyen, lo que se dijo, lo que "suena". La forma de sistematizar sus pensamientos es ESTRUC-TURADA, y por lo general tendrán un esquema categorizado. Utilizan palabras o expresiones con atributos auditivos como: *escuchar, preguntar, mencionar, oír, suena bien, aburrido, soy todo oídos.*

Finalmente, las personas donde su SISTEMA KINESTÉSI-CO sea el dominante: se centran en los sentidos del gusto, olfato y tacto. Recuerdan sensaciones y se comunican haciendo referencia a ellas. La forma que tienen de estructurar sus pensamientos es LINEAL, una idea detrás de otra siempre con un hilo conductor que las una. Utilizan palabras o expresiones con atributos kinestésicos como: *sentir, percibir, acogedor, sólido, con el corazón en la mano, tomar, suave.*

Como puedes ver, si prestas atención a las expresiones que usa una persona, serás capaz de ver cuál es el sistema representacional dominante. Aquí tenemos otra clave para la comunicación eficaz con las personas, adapta el lenguaje al sistema representacional.

¿Qué pasa cuando tienes delante a un grupo diverso?, expresa las ideas con los tres sistemas representacionales hará que puedas llegar a todos ellos. Veamos un ejemplo de adaptación

"Vamos a revisar el plan de acción 2024" (es genérico y neutro). Si lo quiero adaptar, podría ser algo como:
"Vamos a tomar contacto con el plan de acción 2024, vamos a ver qué nos dice".

Ejercicio:

Elabora una lista de 40 palabras o expresiones típicamente tuyas, clasifícalas según VAK. ¿Cuál es tu sistema representacional dominante? ¿Qué te ha sorprendido al hacer esta lista?

En este capítulo quiero presentarte una última herramienta que responde a la cuestión: ¿cómo se mueve una persona? Básicamente solo hay dos tipos de movimiento en los humanos: huir de algo o acercarnos a algo.

HUIR: implica una mirada hacia el pasado, hacia un elemento que nos amenaza, del que queremos alejarnos y que induce MIEDO en nosotros. Es un movimiento reactivo. Imagínate un león que te persigue o un volcán en erupción, tu instinto te está diciendo que tienes que salir de ahí a toda marcha, no sabes muy bien dnde, pero lo más alejado que puedas de esa amenaza. El miedo es el que mueve, y como tal no somos muy selectivos con nuestro paradero final.

ACERCARNOS: nos habla de proyección, de futuro, de oportunidad clara en nuestra mente, de ILUSIÓN. En este caso estoy persiguiendo un sueño, un destino claro que enfocamos para conseguirlo y por el que estamos dispuestos a hacer todo lo posible. Es un movimiento proactivo. El deseo, la ilusión es la energía que mueve este movimiento, plenamente consciente, con un destino claro que nos guía y nos atrae poderosamente.

Está claro que ambos tipos de movimientos son MUY DISTINTOS, tanto en el nacimiento (la amenaza FRENTE a la oportunidad), como en la esencia que los mueve (el miedo FRENTE a la ilusión o el deseo), como en el destino al que nos lleva (cualquier lugar donde pueda protegerme de la amenaza FRENTE al lugar que he definido e imagino más brillante que el actual). Movimiento reactivo FRENTE a proactivo.

Igual que antes con el sistema VAK, si prestas atención a las expresiones o palabras que usan las personas de tu equipo, podrás descubrir la tendencia dominante.

Conocer cómo se mueve una persona nos permite construir mensajes poderosos que sean capaces de llamar su atención, y nos facilitará su movimiento. Cada vez que deseemos que una persona o equipo se mueva de su actual posición (una idea, una forma de trabajar, o cualquier otra cosa que nos planteemos cambiar), debemos construir argumentos para huir, que responden a la pregunta por qué (las causas que pueden generar cambio), pero también argumentos para acercarnos a lo nuevo, que responden a la cuestión para qué (los beneficios que obtendré al lograrlo).

Ejercicio:

¿De qué forma te mueves tú? Te invito también a poner atención en las personas de tu equipo y averiguar qué tipo de movimientos les resultan más naturales.

Construye un mensaje poderoso utilizando VAK + la energía del movimiento y ponlo en práctica con algunas personas de tu equipo. ¿Cómo te sentiste? ¿Qué tal resultó la experiencia?

Sigue indagando en ti y presta atención a las personas que te rodean, con las experiencias diarias que la vida te regala. Conocerte mejor y poder intuir qué color tiene una persona con la que vas a tener una conversación, te permite modular tu estilo de comunicación con ella, adaptándola a su color para que consigas un mayor y más profundo impacto. Utiliza con sabiduría tu nuevo poder.

La segunda raíz es la bondad (el corazón). Como seres humanos tenemos dos centros de poder: el cerebro (la razón convence) y el corazón (la emoción enamora); si no integramos a ambas no es posible encontrar nuestra verdadera autenticidad, y por ende nuestro poder personal. Date cuenta también de cómo, sin esa bondad, el poder personal se puede convertir fácilmente en manipulación (que significa amañar, falsificar, entrometerse, dominar, ordenar), y lo que queremos desarrollar es la influencia (que significa producir cierto efecto). Para mí la diferencia entre influir y manipular tiene mucho que ver con el propósito: si solo sirve a mis intereses y no tiene en cuenta al otro y su bienestar es manipulación, cuando incluimos sus intereses, necesidades se convierte en influencia; de ahí la necesidad de esta segunda raíz. La bondad de pensar en el bien nuestro y el suyo.

Si hay una verdad eterna es que cada uno de nosotros solo puede cambiarse a sí mismo, todo lo demás depende de factores y voluntades externas que no podemos controlar, aunque sí influir en ellas para que avancen en cierto sentido. Pero ¿cómo podemos construir influencia?

Robert Cialdini definió los principios de la influencia, estrategias muy útiles para influir en la mayoría de las ocasiones. Están basadas en normas de comportamiento que la mayoría tenemos integradas desde la infancia y se apoyan en la gran cantidad de información y el poco tiempo que tenemos para procesarla. Por ello nuestro cerebro necesita atajos cognitivos para decidir la validez de la información que nos llega.

Existen cuatro situaciones que acentúan esta premisa: cuando nos falta tiempo para reflexionar, cuando hay una sobrecarga de información, cuando no lo consideramos importante o cuando no tenemos conocimientos suficientes.

Siete son los principios sobre los que podemos construir la influencia que buscamos con nuestros mensajes y acciones:

La **reciprocidad** nos dice que, si haces algo por alguien, es más probable que esa persona haga algo por ti. "Hay una obligación de dar, una de recibir y una de devolver". Este principio conecta con una de las leyes de la sistémica, "el equilibrio entre el dar y el tomar". Fácil de aplicar, haz un favor y te deberán uno, o dicho de otro modo, dar para recibir. Ten en cuenta que el equilibro se produce en base a lo que tú hayas entregado antes, es decir, que el valor de partida fija lo que recibirás. Este principio conecta con la idea de "trata a los demás como ellos nos tratan a nosotros". Según un estudio, un bombón al entregar la factura de un restaurante aumenta la propina en un 3%, si dejamos dos bombones un 14%, pero si el camarero dice que porque somos simpáticos nos deja más bombones aumenta un 27%. No solo es lo que damos, sino *cómo* lo entregamos (de ahí que los regalos se adornan externamente).

El **compromiso y la coherencia** significan que tendemos a actuar de forma coherente con nuestras creencias y compromisos previos, así como con las decisiones que hemos tomado. Así pues, una vez tomamos una decisión, nuestra tendencia es a cumplirla. La clave está en lograr compromisos voluntarios, activos y públicos, y si es posible por escrito. De ahí viene la importancia que le damos a firmar los documentos.

La **aprobación social**, o consenso, implica que tendemos a seguir lo que el entorno hace, confiando en la opinión del grupo. "Si lo hace mucha gente es bueno". El ser humano es un ser social, por ello lo que sucede en su entorno le pesa mucho, no quiere sentirse desplazado, quiere formar parte del colectivo. Si leemos que un 75% de los vecinos reciclan, es probable que nosotros también nos apuntemos al movimiento.

La **simpatía** es que es más fácil hacer lo que nos pide la gente que nos cae bien o aquellos con los que nos sentimos identificados. Tenemos una clara tendencia a que nos gusten las personas que son como nosotros o que viven situaciones parecidas a las nuestras, aquellas que nos hacen cumplidos (nos hacen sentir bien con ellos), aquellas con las que cooperamos en un proyecto común, y finalmente aquellas que sonríen y son agradables. En este bloque encaja también la técnica Yes set, que consiste en lograr que la persona que queremos persuadir diga en voz alta o internamente la palabra "sí" en varias ocasiones para que al dar la sugerencia que nos interese, resulte más fácil su aceptación. La repetición crea una sensación de cercanía, de conexión con esa persona. Fíjate en cómo sucede lo inverso con el "no", cuando la repetimos varias veces es como si una barrera protectora nos fuera envolviendo.

Las palabras que decimos tienen el poder de cambiar nuestra energía, de hacernos más o menos receptivos a las influencias externas.

La **autoridad** se basa en que tendemos a confiar más en las personas que son expertas en un tema, o en aquellos consideramos superiores (es decir, mejor preparados por edad, cargo, trayectoria, experiencia...). La palabra "experto" abre un mundo de credibilidad, especialmente cuando nosotros creemos que no sabemos tanto. Este principio activa la creencia de que las personas que ocupan una posición de poder tienen más conocimiento o experiencia que el resto, y existe una tendencia generalizada a obedecer a la autoridad. Aquí encontraríamos la frase: "Nueve de cada diez dentistas recomiendan...".

La **escasez** nos hace sentir urgencia frente a algo de lo que hay poco, y nos hace sentir que podemos perder algo valioso si no nos damos prisa. Cuanto menos hay más lo quiero, eso nos hace sentir especiales y afortunados. También activa un pensamiento de que las cosas difíciles son más valiosas, lo que nos mueve a la acción. Un factor habitual de escasez con el que se juega es el tiempo (solo por hoy).

La **identidad compartida** es que tendemos a sentirnos más conectados con personas que comparten nuestros valores y creencias. Este principio es un subgrupo de la aprobación social.

La efectividad de estos principios pasa por aplicarlos de la forma adecuada a la situación y a las personas que participan de la relación. Por ejemplo, usar el principio de autoridad en alguien que tiende a rebelarse tendrá el efecto contrario. Date cuenta también de como tú mismo puede que las sigas: con las recomendaciones y valoraciones de restaurantes y hoteles, con las colecciones especiales que lanza Zara, con la recogida de firmas para una petición, con el "últimas plazas disponibles".

Ejercicio:

Elige a una persona de tu equipo, o compañero de trabajo con el que experimentar los principios de influencia. ¿Cuáles de los 7 principios puedes aplicar para influir en él/ella? ¿Qué acciones puedes tomar en cada uno de los que apliquen? Experimenta para ver cómo te desenvuelves, a la vez que puedes percibir los efectos que producen.

Ahora que has visto el efecto de tu primera experimentación. ¿Qué cosas te han funcionado? ¿Qué harías de forma distinta?

Frente a la vorágine de impactos que tenemos, el ser humano ha desarrollado la atención selectiva, lo que hace que la mente fije su atención en una pequeña proporción de información que considera relevante. Nuestra percepción depende del momento que vivimos. Nuestras expectativas, creencias, intereses, miedos o ilusiones nos harán percibir la realidad de una forma determinada. Eso nos invita a conocer muy bien a nuestro público objetivo para ser efectivos, lo que nos permitirá adaptar en forma y estilo el mensaje.

Así pues, un elemento a tener en cuenta para influir es que solo una pequeña cantidad de información propicia nuestras decisiones, no todo es igual de importante y relevante, por eso conviene resaltar los aspectos más críticos o aquellos que serán mejor recibidos, cuando lo resaltamos todo, nada queda resaltado. Menos es más.

La comunicación es un ejercicio de observación y escucha de las personas con las que queremos relacionarnos e influir. Cuanto mejor las conozcamos mejor podremos adaptar la forma (VAK, 4 colores, Alejarse-Acercarse) de nuestro mensaje, y combinarlo con los 7 principios de influencia.

Conciencia & hábitos

Muchas son las preguntas que puedes hacerte sobre este tema y la vinculación con el liderazgo y la gestión de relaciones. ¿Qué es la conciencia? ¿Por qué es importante para un líder? ¿De qué manera la podemos entrenar? Vamos a tratar de responder a ellas y facilitar tu desarrollo. Liderar sin conciencia es como conducir sin saber muy bien cómo manejar un coche y sin interpretar las señales de tráfico.

Conciencia viene etimológicamente de tener conocimiento, y significa según la RAE conocimiento del bien y del mal que permite enjuiciar la realidad de los actos propios, conocimiento, discernimiento, entendimiento, reflexión, percepción, pensamiento. Es estar conectado en el momento presente, con el aquí y ahora. Parece claro que está conectado con darse cuenta, lo que permite a una persona ser capaz de cambiar, adaptar, moderar o incentivar los comportamientos y el lenguaje que utiliza, para aumentar la probabilidad de éxito en sus objetivos, en tiempo real.

La conciencia se caracteriza por dos factores fundamentales, es un proceso continuo e incremental que requiere compromiso a largo plazo, y además, una vez despierta sobre algo, ya no hay vuelta atrás, ya no puedes hacer como si no lo supieras.

Cuando hay conciencia, ya no hay indiferencia.

Ya puedes empezar a intuir por qué resulta tan relevante para los líderes y su función. Estos son algunos de los aspectos más importantes que puedes desarrollar con la conciencia aplicada al liderazgo:

- Autoconocimiento: nos abre a conocernos a nosotros mismos, y desde ahí sacar la mejor versión para cada ocasión (efectividad).

- Control: nos permite regular nuestra actuación y lenguaje en tiempo real, frente a las situaciones cambiantes a las que nos enfrentamos.

- Empatía: nos posibilita una mejor y más profunda comprensión de las situaciones, de las relaciones y de los demás (conexión).

- Gestión del estrés: facilita la identificación de las situaciones de estrés (internas o externas) y, por tanto, desde el autocontrol y el autoconocimiento desplegar la inteligencia emocional para mantener la calma y vernos menos afectados por ello (eficacia).

- Toma de decisiones: la conciencia permite la toma de decisiones mejor informadas, y hacernos más responsables de ellas desde esa decisión voluntaria.

- Conexión con tu esencia: un líder con conciencia empieza a actuar de forma más coherente entre sus valores y creencias y las actuaciones que realiza, eso despierta el poder de la confianza.

- Impacto: la conciencia nos recuerda que cada elección que hacemos deja una huella en el mundo, a la vez que nos permite reconocerla, y por tanto cambiar nuestra actuación para generar distintos impactos.

Con los aspectos que trae la conciencia (conocer) ya puedes ver el poder de la conciencia en el liderazgo. La medición de las cosas es un proceso de conciencia organizacional, y lo que no se mide no se puede mejorar. Lo mismo sucede con la conciencia. Es un camino para la mejora y desarrollo continuo del líder que le facilita la adaptación a las circunstancias en tiempo real para entregar los mejores resultados.

El proceso de desarrollar la conciencia se despliega en diversas fases, donde cada uno alimenta a la siguiente:

- Voluntad de desarrollar la conciencia, para iniciar el camino y salir de la posición ciega de verdad en la que muchos líderes se acomodan, dando la espalda a la realidad que los envuelve y a ellos mismos.

- Focalizar la atención en el exterior para poder captar la mayor cantidad de detalles posibles y responder: ¿qué está pasando realmente? ¿Qué es aquello que no veo? ¿Cuál es el papel que debo jugar para sacar el mayor provecho para el equipo?

- Llevar la atención a nuestro interior: ¿cómo nos está afectando lo que hemos visto fuera? ¿Qué conversación me dicta mi voz interior? ¿Está teniendo en cuenta todo lo que nos rodea o simplemente es EGO?

- Escuchar atentamente a los que nos rodean, con el ánimo solo de entender, acallando la voz interior para poder realmente comprender, sin juicio ni anticipación, solo entender.

- Preguntando con interés real mostramos el interés a los demás, a la vez que nos nutrimos para una comprensión más profunda de lo que desean expresar, y de las huellas y heridas que dejamos con nuestras acciones.

- Reflexionar dejando el EGO atrás, para comprender las situaciones y posibilidades más allá de nuestra mirada, nuestros miedos y nuestros intereses personales. Un líder debería actuar por un bien mayor, el de su empresa y su equipo.

- Tomando acciones conscientes con las que aprender. Solo mediante el método científico de prueba y error (intentando minimizar los impactos negativos), y prestando atención a los efectos que se producen en el exterior y en tu interior, nos facilita el aprendizaje y el desarrollo de la conciencia.

¿Cómo puedo muscular la conciencia? Veamos algunas prácticas que facilitarán su desarrollo:

- En el capítulo "Poder personal" hemos hablado del test de los colores, el sistema VAK y la energía de alejarse-acercarse. Trabaja con esos elementos para profundizar en conocerte mejor, eso despertará la conciencia de quién eres y cómo actúas. El ejercicio de preguntar a otros te dará conciencia de las huellas que dejas y te permitirá cambiarlas si deseas dejar otro legado.

- La práctica de la meditación o *mindfulness* permitirá que observes tus pensamientos y emociones, alejándote del ruido externo y centrándote en tu voz interior.

- La escucha es un gran ejercicio para ser consciente. Para ello céntrate en entender a tu interlocutor, a la vez que prestas atención a tu estado interior (¿qué me digo a mí mismo mientras escucho?, ¿cómo escucho?).

- Preguntar a los demás es verse en el espejo que refleja nuestros actos. A través de las huellas y heridas que dejamos somos más conscientes de nuestros actos.

- Practicar la gratitud con la vida, y los demás es un gran acto de consciencia, ya que sin ella las circunstancias son simples actos que se suceden. Tener que agradecer nos obliga a estar más atentos a las cosas que vivimos.

- Practica las acciones conscientes: lavarse los dientes desde el disfrute de hacerlo, ducharse disfrutando del agua y sin tener pensamientos que nos alejan del aquí y ahora, comer masticando cada bocado al menos 20 veces y buscando los sabores en cada uno de ellos.

- Lleva un diario de agradecimientos. Al finalizar el día dedica 5 minutos a revisar tu día. ¿Qué 3 cosas fabulosas han sucedido que podrías agradecer? Repite el ejercicio por 30 días seguidos y no repitas ninguno de los elementos escritos con anterioridad.

- Presta atención a tu respiración. ¿Cómo es? Te darás cuenta de que en función de tus emociones será corta o profunda, rápida o lenta, abdominal o pectoral.

- Presta más atención al hacer que al resultado.

- Aprende a observar tu mente: date cuenta de la emoción que sientes como consecuencia de un pensamiento que ha creado tu mente, en un proceso de situación-pensamiento-emoción-reacción tuya. Observa todo ello sin juzgar.

- Haz una pausa de pocos minutos para observar con los cinco sentidos uno a uno (cerrar los ojos magnifica la conexión interior y reduce las distracciones externas):

  - Mirar hace referencia al acto, mientras que ver es ser consciente de ello. ¿Qué estoy viendo ahora mismo? ¿Qué veo que no vería si solo mirase?

  - Cierra tus ojos e inspira, ¿a qué huele el aire?

- Cierra tus ojos y escanea tu cuerpo. ¿Qué parte me duele? ¿Qué parte está agradecida? ¿Qué siento en mi piel?

- Céntrate en la escucha. ¿Cuántos sonidos distintos identifico?

La práctica continuada de estos ejercicios musculará tu conciencia, tu conocimiento sobre qué está sucediendo aquí y ahora en tu interior y en tu exterior. Sé consciente de que nuestra mente juega un papel importante en la conciencia, lo que pensamos, el diálogo interior, es en muchas ocasiones un gran distorsionador que nos aleja del momento presente. Para ser conscientes debemos tener nuestra mente enfocada en lo que sucede y percibir todos los detalles (tanto internos nuestros como los externos que nos rodean). A esa actitud le llamamos presencia. La presencia es la consciencia del instante presente, el poder del ahora, la conexión con uno mismo, la sensación de confianza interior.

Así pues, para ser conscientes tenemos que alejarnos de sumergirnos en el mundo de nuestra voz interior que nos habla sobre el pasado (las cosas que sucedieron) o el futuro (lo que podría suceder, anticipando acontecimientos), solo así tenemos nuestra energía en percibir lo que realmente sucede. ¡Qué fácil es perderse en una emoción o un pensamiento!

Cuando estamos en medio de cualquier situación, tenemos tres posibles respuestas conscientes y responsables:

1. Salir de ella.

2. Cambiarla (si puedo y quiero).

3. Aceptarla y fluir con ella (descubrir qué puedo aprender).

Una cuarta posibilidad es quejarme continuamente, que libera estrés, pero también cortisol, que termina envenenándonos. Esta posibilidad no es sana, ni responsable, ni efectiva, ni transforma, ¿cuántas veces una queja se descarta por la forma en la que se entrega, perdiéndose el fondo de valor que contiene? Si queremos aplicar la conciencia, debemos transformar la queja en una petición, un reclamo asertivo y consciente. ¡Verás como es más efectivo!

En este proceso de desarrollar consciencia es muy útil crear el hábito de volver al presente, para ello pregúntate: ¿estoy tranquilo en este momento? Si hay algún tipo de tensión observa de qué forma evitas o resistes para no estar en el ahora.

> *Somos lo que hacemos repetitivamente. La excelencia, entonces, no es un acto sino un hábito.* Aristóteles.

Los hábitos empiezan sin que nos demos cuenta, se instalan inadvertidamente y para cuando queremos librarnos de ellos se han convertido en rutinas inamovibles. Los hábitos, según los científicos, surgen porque el cerebro siempre está buscando una forma de ahorrar esfuerzo.

1) Primero está la señal, el detonante que informa a nuestro cerebro que puede poner el piloto automático y el hábito que ha de usar.

2) Luego está la rutina, que puede ser física, mental o emocional.

3) Por último está la recompensa, que ayuda a nuestro cerebro a decidir si vale la pena recordar en el futuro este bucle en particular.

Con el tiempo, este bucle —señal, rutina, recompensa— se va volviendo más y más automático. La señal y la recompensa se superponen hasta que surge un fuerte sentimiento de expectación y deseo: acabamos de crear un hábito.

Automatizar las acciones nos ahorra energía, pero también perdemos la consciencia del proceso, y algo que fue bueno en un instante determinado puede no serlo tanto con el transcurrir del tiempo y las situaciones.

Ejercicio:

Empecemos a ser conscientes. Encuentra algunos de los hábitos (actitudes, acciones, comportamientos, pensamientos) que habitan tu vida y tu equipo.

Entrenemos la conciencia. Elige uno de estos hábitos que consideras negativo y que te gustaría cambiar. Identifica y escribe los disparadores que desencadenan el automatismo (situaciones externas e internas). Identifica qué sientes después (las recompensas).

¿Cómo te han resultado estos ejercicios?

No se trata de quitar un hábito, sino de poner un automatismo (la rutina) distinto frente a los estímulos, que sea más adecuado. Casi todas las conductas se pueden transformar si la señal y la recompensa siguen siendo las mismas. En el camino de desarrollar la conciencia y cambiar hábitos, el proceso de indagación consciente se vuelve fundamental.

> **Ejercicio:**
>
> Busca una situación real vivida en la que se activa un hábito que deseas cambiar, y visualízala como si estuvieras viéndola en una pantalla de cine.

1. Ser un observador externo nos ayuda a poder analizar. Pon tu atención solo en los elementos externos. ¿Cuáles son los elementos externos a tu personaje que están presentes (circunstancias que suceden, entorno físico en el que transcurre, cultura del lugar donde sucede, entorno social o personas que están presentes…)? Anótalas.

2. Ahora tienes que recordar vívidamente la escena, como si volvieras a estar ahí. ¿Cómo se encontraba mi estado interior? ¿Cuáles son los elementos de mi estado interior que hacen que se active el hábito?

3. Conecta tu estado interior con el entorno. ¿Qué elementos perimetrales encontrados en el punto 2 refuerzan la activación?

4. ¿En qué consiste el mecanismo automático (hábito) que se activa?

5. ¿Cómo me siento interiormente después de finalizar la rutina que compone el hábito?

6. Ahora desde la distancia y viendo las consecuencias que tuvo tu actuación, imagina la respuesta ideal que te hubiera gustado dar en esa ocasión (y que te llevaría a otras consecuencias), pero que tu hábito instaurado no te permitió.

7. ¿Qué rutina nueva podrías crear frente a los estímulos internos y externos? ¿Qué otras posibilidades se te ocurren?

8. ¿Qué elementos externos debes buscar para que no se active o frenen ese hábito?

Con este ejercicio has musculado diversas piezas de gran importancia para tu conciencia (como si ahora ya fueras capaz de ver y reconocer las señales de tráfico mientras conduces):

- Has identificado los detonantes internos, lo que te permitirá reconocerlos en el futuro.

- Ya reconoces las señales externas que retroalimentan el proceso, y aquellas que son neutros o lo frenan.

- Has imaginado una o varias posibles rutinas que puedes usar para responder cuando vuelvan a reproducirse las circunstancias. Es decir, ahora ya tienes un set de posibilidades con las que elegir, a la vez que has alimentado tu subconsciente con ellas, y por tanto ya están disponibles para ti.

La propuesta es simple, sé el dueño de tu destino y crea los hábitos para que tu liderazgo y tu vida alcancen otro nivel. Construye hábitos conscientes que te alimenten (como el diario de agradecimiento, diario de aprendizajes, pregunta a las personas para entender…), cambia hábitos para que sean más sanos para ti y consigas las recompensas que deseas, estructura hábitos en tus equipos (eso les da estructura a la vez que confianza).

El discurso interior del líder.

¿Cómo es tu voz interior? ¿Cómo te hablas a ti mismo? ¿Qué palabras y expresiones usas contigo mismo? ¿Te tratas con optimismo o más bien con pesimismo? ¿Te tratas con amor, con exigencia, con desprecio, con cinismo, con...? Esa voz es la que dirige tu vida y, si eres líder, la de las personas de tu equipo.

Dicen los expertos que cada día tenemos una media de 60.000 pensamientos, de los cuales la mayoría son automáticos, inconscientes, repetitivos y negativos. Hay un dicho sistémico que dice: "Como es adentro es afuera". Ello significa que nuestro interior, la voz interior que nos dirige en la vida, es la gran fuente de cómo vivimos la realidad, y según la vivimos la creamos.

Puede que pienses que no es tu caso, por ello te invito a estar a solas contigo durante 3 minutos. Retírate a un lugar tranquilo y silencioso, siéntate en una silla manteniendo tu espalda recta (sin apoyar) o tal vez prefieras sentarte en el suelo en la posición del loto (espalda recta, piernas cruzadas). Conecta el crono, cierra tus ojos y déjate sentir, sin pensar en nada, y durante 3 minutos observa tu mente. Si llega algún pensamiento, déjalo pasar. Seguro que has podido observar, con calma, esa voz interior.

Nuestra voz interior está íntimamente conectada con nuestros valores y creencias, y nos dirige en nuestros retos diarios. ¿Cómo vas a liderar a las personas de tu equipo si no empiezas a liderarte a ti mismo antes? ¿Cómo vas a poder liderar de una forma distinta a la que te tratas a ti mismo? La respuesta es clara: es difícil y desgastador (y no estamos para malgastar nuestra energía). Los pensamientos negativos son una herencia de los 100.000 años de *Homo sapiens* tratando de sobrevivir frente a los peligros. Hoy pueden ser una fuente de estrés, disminución de la confianza y la autoestima, e incluso fuente de insatisfacción. Los pensamientos repetitivos pueden arraigar en nuestra mente y dificultar cambiar de patrones. Entonces ¿cómo podemos tener nuevos pensamientos y más positivos?

1.- Practica la atención plena. Todo cambio empieza desde la atención, la conciencia de lo que pensamos, de lo que decimos y de cómo actuamos. Una vez soy consciente, puedo tomar la decisión de seguir igual o cambiarlo todo. Practicar *mindfulness* o meditación te ayudará a desarrollar esa atención.

2.- Presta atención a las palabras que usas para ti y con los demás, las palabras tienen energía por sí mismas. Algunas producen heridas, otras son neutras, y otras acogen y cuidan. Decide con conciencia cuáles usar. Piensa bien las palabras que vas a usar para expresar tus ideas y busca que predominen las positivas.

3.- Cuestiónate los pensamientos negativos. Busca otros puntos de vista y criterios, descubre otras formas de mirar y pensar, camina desde la energía del aprendiz que no da nada por seguro.

4.- Regala gratitud. Desarrolla la conciencia y la positividad. Hemos dedicado un apartado a tratar en profundidad el poder del agradecimiento y cómo practicarlo. Maximízalo a tu alrededor y verás florecer a las personas y a ti mismo.

5.- Céntrate en las soluciones. ¿Qué pasaría si, en lugar de ver un problema como un obstáculo, lo miramos como una oportunidad o como una señal? Una señal que apunta hacia algo más profundo, hacia una necesidad que pide ser vista y reconocida. Esa mirada facilita buscar soluciones, más que encontrar culpables y problemas.

Solo a través de la práctica podrás transformar tu discurso interior, y solo con ese cambio serás capaz de liderarte para liderar a otros, porque liderar es guiar, tomar tus decisiones, crear nuevas posibilidades, o inspirar a otros. Todo ello no puede ser generado desde el automatismo, sino desde la responsabilidad y la conciencia.

PARTE III:
LOS EQUIPOS Y LA ORGANIZACIÓN

Ningún líder puede lograr grandes cosas solo. El verdadero éxito de una organización se construye con equipos comprometidos, colaborativos y alineados con un propósito común. Pero crear un equipo fuerte no es tarea fácil; requiere tiempo, dedicación y un liderazgo consciente. En esta parte del libro, nos adentraremos en las dinámicas de los equipos de alto rendimiento y cómo puedes liderarlos para alcanzar resultados excepcionales, fomentando relaciones sólidas y un entorno de trabajo saludable.

En el capítulo **"El equipo: vínculos poderosos"**, exploraremos cómo liderar desde la consciencia, construyendo un entorno de confianza y respeto donde cada miembro del equipo se sienta valorado y motivado. Veremos la importancia de celebrar los logros y reconocer el esfuerzo a través de los **momentos WOW**, que no solo motivan a los colaboradores, sino que también fortalecen el sentido de pertenencia y cohesión del grupo. Además, hablaremos de la mirada sistémica, una perspectiva que te ayudará a entender cómo cada miembro del equipo interactúa y contribuye al éxito colectivo, y cómo liderar desde esta visión holística.

El siguiente capítulo, **"Sistémica organizacional"**, se centra en la comprensión de la organización como un sistema vivo, compuesto por múltiples elementos interconectados. Aquí, veremos cómo los diferentes sistemas que afectan el entorno profesional —desde la estructura organizativa hasta las dinámicas de poder

y la cultura empresarial— influyen en el rendimiento del equipo. Aprenderás a diferenciar entre grupo y equipo, y a identificar
los criterios que definen el buen funcionamiento de un equipo.
Además, profundizaremos en cómo utilizar la mirada sistémica
para gestionar conflictos, mejorar la comunicación y fomentar
un entorno donde las relaciones y procesos fluyan de manera armoniosa y eficiente.

Capítulo 6:
El equipo. Vínculos poderosos

¿Qué descubrirás aquí?

- **Momentos WOW**
- **Momentos decepcionantes**

Un equipo no es solo un grupo de personas trabajando juntas. Es un organismo vivo, conectado por vínculos de confianza, respeto y valores compartidos. En este capítulo podrás explorar cómo construir equipos que no solo trabajen en armonía, sino que vibren al unísono, logrando resultados extraordinarios. Veremos cómo el reconocimiento sincero y la mirada sistémica son las claves para crear equipos cohesionados y motivados. Porque cuando cada miembro se siente valorado y comprometido, el equipo se convierte en una fuerza imparable.

También ahondaremos en entender aquellas acciones que hace que las personas rompan su compromiso con la organización. A veces se trata no tanto de hacer como de evitar hacer ciertas cosas.

Es momento de transformar tu equipo en una comunidad de propósito. Construye vínculos poderosos, celebra cada pequeño logro y lidera desde los valores. Un equipo unido es capaz de conquistar cualquier meta.

Momentos *wow!*

Imagino que en muchas ocasiones te has preguntado qué puedes seguir haciendo para lograr aumentar el compromiso y motivación de las personas.

No voy a poner el foco en aquello que las personas deberían hacer para ser jugadores de equipo excepcionales. Hay muchas cuestiones que efectivamente dependen de la voluntad de las personas. Pero esa voluntad ha de ser despertada y, para ello, voy a poner la mirada en todas las situaciones y acciones que hacen que las personas adopten comportamientos excepcionales o se vayan al extremo totalmente contrario.

Vayamos por partes.

Los momentos *wow!* son aquellos en los que se han superado expectativas. Son estos momentos los que hacen que las personas se fidelicen, se enganchen, se sientan agradecidas.

Son esos momentos en los que la persona ha recibido más de lo que esperaba y no me refiero a cuestiones económicas.

A veces, lo que mueve a una persona no es la tarea en sí, sino lo que recibe por hacerla. Este tipo de motivación, conocida como **motivación extrínseca**, se basa en incentivos externos: un aumento salarial, una promoción, o incluso el reconocimiento público.

Sin embargo, tiene una característica peculiar: su efecto es efímero. Los incentivos materiales, aunque útiles en ciertos momentos, tienden a perder impacto con el tiempo, especialmente si no se combinan con motivaciones más profundas. Los incentivos externos funcionan mejor como complementos, no como pilares. Si los utilizas estratégicamente, pueden ser el empujón inicial que necesita alguien para superar un reto puntual.

El incentivo económico obviamente es un dulce que no amarga a nadie, pero no es ese tipo de incentivo el que fomenta un entorno humanista, ya que ese incentivo es puramente extrínseco y el humanismo busca elementos más intrínsecos y trascendentales.

En el núcleo de todo equipo exitoso yace una verdad común: las personas necesitan una razón para actuar. Esta razón, su motivación, es lo que transforma las ideas en acción y el esfuerzo en resultados. Pero no todas las motivaciones son iguales; detrás de cada comportamiento hay diferentes fuerzas que las impulsan.

La **motivación intrínseca** se enciende desde dentro. Es la chispa que hace que alguien disfrute de lo que hace simplemente por el hecho de hacerlo. En este caso, el motor que mueve a la persona no es el reconocimiento ni la recompensa externa, sino el placer, la satisfacción y el desafío que lleva en sí mismo la tarea. ¿Cómo hacer que las personas se conecten con ella? Necesitas dar claridad a los objetivos, destacar el impacto tangible de los esfuerzos y asegurarte de que cada tarea sea un reto significativo para la persona. Saber si esto está siendo así es muy sencillo: pregúntales si sienten que estos elementos están cubiertos.

Una persona movida por esta fuerza siente que el esfuerzo vale la pena por el proceso en sí. No importa cuán duro sea el camino o cuánto tiempo tome.

Además de esta motivación intrínseca, hay otra motivación que es más poderosa todavía, la **motivación trascendental**. Esta forma de motivación va más allá de la persona y se conecta con algo mayor: contribuir a una causa, ayudar a otros o generar un impacto positivo en el mundo. Aquí, lo que impulsa a las personas no es tanto la tarea ni los beneficios personales, sino el significado profundo de sus acciones. Para activar esta motivación, conecta las metas del equipo con un propósito más grande. Ayuda a las personas a ver cómo su trabajo contribuye al bienestar de otros o al logro de un objetivo trascendente. Esta es una máxima que siempre explico a los líderes de equipo con los que trabajo sus habilidades: "Construid visiones potentes, transmitid el propósito una y otra vez. No os quedéis en lo meramente operativo, porque eso no engancha con fuerza. Lo que engancha es que las personas se identifiquen con esa contribución mayor que trasciende sus propios intereses y deja huella en los otros".

El verdadero poder surge cuando se combinan estas motivaciones. Imagina un equipo donde cada miembro disfruta de lo que hace (intrínseca), siente que su esfuerzo es reconocido (extrínseca) y ve cómo su trabajo impacta en algo más grande (trascendental). Esa combinación no solo genera compromiso, sino que crea equipos imparables, capaces de alcanzar resultados extraordinarios.

Cuando entendemos que la motivación intrínseca y trascendental son las fuerzas que realmente conectan a las personas con su trabajo y propósito, surge una pregunta inevitable: ¿cómo lograr que los equipos no solo estén motivados, sino también comprometidos de manera profunda y duradera? La respuesta no está solo en los grandes planes o estrategias, sino también en los detalles, en esos gestos y momentos que rompen la rutina, superan expectativas y tocan el corazón.

Estos son los **momentos *wow***. Son instantes en los que se demuestra que las personas importan, que son vistas, valoradas y respetadas más allá de las reglas o incentivos tradicionales. Esos momentos, muchas veces inesperados, tienen el poder de transformar no solo la percepción de una tarea o un entorno, sino también la manera en que las personas se sienten consigo mismas y con quienes las rodean.

¿Cómo dar con la tecla de lo que es ese momento *wow!* para cada uno? No es sencillo, porque al igual que pasa con los puntos de dolor o con las decepciones, que son algo subjetivo de las personas, aquí sucede lo mismo. No obstante, te invito a que, a través de la lectura, deduzcas por ti mismo si, tras estos momentos, intuyes, deduces o sientes que hay un nexo que lo explica y simplifica todo. ¿Me acompañas?

Para ello traigo ejemplos concretos que he podido recopilar de diferentes personas —gracias a todos los que quisisteis compartir generosamente conmigo vuestras historias— y si me lo permites, también me gustaría aportar vivencias propias que han supuesto ese momento.

Como en otros capítulos, los nombres los iré cambiando para preservar el anonimato de aquellos que han querido compartir su experiencia para este fin.

Antonio estaba atravesando una situación muy delicada en su compañía. Había tenido un fuerte altercado a nivel "político" dentro de su empresa, lo cual le había dejado en una situación de desamparo interno. Esto suponía que se sentía más con un pie fuera que dentro de la compañía. Tras este altercado, tenía claro que ese no era su lugar y que quería reconducir su carrera profesional en otro sitio. Comenzó su búsqueda de empleo y, mientras tanto, sobrevivía como buenamente podía en un entorno que sentía hostil. Su compromiso, su ilusión y sus ganas se esfumaron súbitamente a raíz de aquel acontecimiento. Todo lo que había significado para él la empresa durante el tiempo que llevaba allí trabajando, de pronto, lo veía como una gran mentira y veía realmente difícil que su visión cambiara.

Con lo que no contaba Antonio era con una llamada telefónica inesperada de un colega. En esa llamada, la propuesta que recibió fue un momento wow: *"Quiero que trabajes en mi departamento y quiero que puedas hacer aquello que, como persona, te pueda volver a hacer feliz de nuevo". Una frase que rescató a Antonio de la tristeza y decepción más profunda. Aquella frase se mantuvo en el tiempo, hubo una coherencia entre el decir y el hacer que devolvió todo el compromiso, motivación e ilusión de nuevo a Antonio. Le devolvieron la esperanza y la dignidad al ser tratado como una persona merecedora de respeto de nuevo. Contra todo pronóstico, Antonio logró recuperar la ilusión y la fe en aquella compañía gracias a ese momento* wow! *que aquel líder generó.*

María era una mujer muy comprometida con aquello que hacía. Le ponía una pasión como pocas personas he visto que le pusieran. Vivía como propio cada éxito o cada fracaso de aquellos que la rodeaban. Esto tenía un doble filo, ya que se llevaba consigo a casa asuntos que debían quedar apartados al acabar su jornada. Ella era una técnico excelente, concienzuda, crítica y perseverante. No le valían las cosas hechas de cualquier manera. Dentro del contexto de la empresa privada, esto es algo muy valorado. Sin embargo, cuando nos vamos al contexto del ente público, en ocasiones se entrecruzan los intereses políticos y no todas las decisiones son tomadas desde la perspectiva técnica, sino desde una perspectiva más electoralista. Y es ahí donde esa implicación, esa pasión arrolladora de María, se sintió gravemente dañada, porque, lejos de ser reconocida y valorada por toda esa implicación, lo que más recibía eran críticas por su gestión por el mero hecho de ser de un partido político diferente. Esto hizo que María se sintiera muy decepcionada y preguntándose constantemente qué sentido tenía dejarse la piel en un lugar donde no solo no recibía aprecio, sino que, además, debía estar constantemente defendiéndose. Tras un tiempo apartada, volvió de nuevo y, en esta ocasión, su función la pudo ejercer desde otra relación laboral. Esto le permitió no estar tan expuesta mediáticamente y desempeñar su trabajo de manera que solo ella sabía hacer. Fue un contrato temporal, ya que era para un servicio determinado. Al acabar el mismo, recibió un gran reconocimiento por parte de las personas que habían trabajado con ella. Aquello sirvió para que María encontrara respuesta al "para qué" se dejaba la piel de la manera en que lo hacía. Aquel reconocimiento expreso le sirvió para sentir que la etapa sombría que había vivido no prevaleciera en su presente; le sirvió para sentirse validada como profesional y como persona. Sintió que aquello hacía justicia a lo que había vivido en la etapa anterior.

Son muchos más los casos que he recibido hablando de ese momento *wow!* Voy a citarlos textualmente a continuación:

"Mi momento *wow!* fue el *feedback* que recibí de un director general tras diseñar e implementar un sistema de evaluación del desempeño. Resaltó cómo le había ayudado a mejorar la relación con su equipo".

"Mi momento *wow!* fue en una cena de empresa, se me acercaron unas compañeras para presentarse, que no conocía, y al decir mi nombre para presentarme, dijo una por lo bajini: 'Este es uno de los jefes'. El contexto es que no soy ni director nacional, ni CEO, y por la distancia no veía ni veo a esas compañeras. Y en ese año era bastante joven, pero pensé: 'Wow, mi nombre suena a bastantes km de distancia'".

"Mi momento *wow!* fue a través de los agradecimientos de mi equipo de consultores. Valen más que los de los clientes".

"Mi momento *wow!* el día que por fin encontré un responsable que confió en mí y, en vez de sentirse amenazado, me dio oportunidades, me enseñó y me ayudó a crecer".

¿Qué dirías que tienen en común estas situaciones anteriores? A mí me llega con fuerza un elemento: el RECONOCIMIENTO.

Para que el reconocimiento surta efecto, debe ser puntual y específico. De nada sirve decirle a la gente: "Eres un fenómeno". Aquello puede funcionar una vez, pero la siguiente vez que la persona lo escuche, no va a generar en ella ningún tipo de emoción, porque ya perdió su fuelle o su credibilidad si no se sustenta en ejemplos específicos (se queda en simple frase hecha).

Para que el reconocimiento genere ese momento *wow!* debe ser muy auténtico, asociado a una situación concreta y especialmente cuando hay detrás mucho esfuerzo acumulado. Que me reconozcan por un talento está bien, pero que me reconozcan tras un gran esfuerzo es lo que genera ese momento *wow!,* porque eso significa que se está valorando y tomando en consideración todo el esfuerzo que he estado poniendo ese tiempo de atrás. Esfuerzo que no ha pasado desapercibido y para el que no me quedaré con la sensación de decir: "¿Y para qué tanto esforzarme si luego nadie te lo valora?". Lo que suele generar mucha frustración entre las personas es precisamente eso: que no se les reconozcan sus esfuerzos.

Pongámonos a mirar el futuro: ¿y si crearas una ceremonia de reconocimiento anual para todas las personas del equipo? Todos hacemos cosas que merecen reconocimiento. Se trata de democratizar este recurso tan valioso, pero sin caer en el reconocimiento hueco. Un reconocimiento rotundo y contundente, con mucho contenido. Contenido que vaya en la línea de la expectativa que la persona quiere lograr y que obtenga el reconocimiento de vuelta sobre lo logrado. Esto ayudará a la persona a saber que está yendo por el buen camino, que sus esfuerzos son visibles, que se la valora por ello. O quizá no quieras esperar tan a largo plazo y prefieras algo más inmediato. Puedes utilizar una herramienta sencilla y funcional como Qualtrics en la que, a través de un sencillo cuestionario, las personas pueden dejar su reconocimiento, marcando incluso el valor al que aluden y especificando qué y por qué reconocen (ampliando el área ciega de la persona) y desencadenando un *mail* automático con todo el reconocimiento para la persona. En ese *mail* de reconocimiento se puede hacer una invitación para que la persona agradezca las palabras e inicie una conversación con quien le escribió para que profundice un poco más. De esta forma, el reconocimiento se convierte en una herramienta multidireccional que puede afectar muy positivamente el clima laboral.

Cuando te nutren de esta manera, tienes víveres para los momentos difíciles. Cuando no tienes víveres, los momentos difíciles acaban con cualquier moral.

Aprovechar alguna de las reuniones que realizas o si tenéis una *app* o una *newsletter* para hacer algunos reconocimientos, por ejemplo. Puedes hacer que sea un proceso informal o puedes hacer que sea un proceso formal, lo que mejor encaje con vuestra cultura. Establecer pequeños rituales siempre puede ser un aliciente: el último viernes de cada mes se hacen los reconocimientos, por ejemplo. Haz campañas de comunicación para que las personas lo tengan presente y siempre fresco.

Lleva un control de los reconocimientos que realizas, porque si siempre son a las mismas personas por los mismos motivos, va a tener un efecto desincentivador (quien lo recibe no ve ampliado su conocimiento, sino que nos quedamos en su "área pública" y sentimos que nos han dejado de ver).

Amplía tu red de alcance. Todos merecemos reconocimiento de una u otra manera. Haz el esfuerzo de encontrar en todas las personas aquello que aportan en positivo o por lo que quizá pueden estar destacando. O si tenéis herramientas tecnológicas corporativas con diferentes canales, puedes crear el canal de los reconocimientos donde no solo tú, sino cualquiera, puede dejar ahí el reconocimiento que quiere hacer a otra persona. Eso sí, asegúrate de que ese reconocimiento es lo suficientemente concreto y detallado como para que el receptor sepa bien qué, de su comportamiento o forma de actuar, le ha hecho obtener ese reconocimiento. A veces pecamos de ambiguos y no le sacamos el máximo provecho a este elemento tan potente.

También puedes hacer un tipo de reconocimiento en privado mediante un *email* personalizado poniendo en copia a personas que puedan ser de elevado y positivo impacto para el receptor del reconocimiento; las reuniones de seguimiento 1 a 1 son un momento estupendo para hacer ese reconocimiento en forma de *feedback*. Este tipo de conversaciones pueden resultar altamente nutricias para la persona.

No obstante, en la medida de lo posible, trata de proporcionar ese *feedback* positivo de manera inmediata, tras haber observado ese comportamiento, ya que el efecto que tiene es muy motivador.

Nunca subestimes el poder del liderazgo ejemplificador. Si tú eres un líder que reconoce a los demás, el resto de personas incorporarán esta práctica dentro de su forma de relacionarse. ¿Imaginas un ambiente de trabajo donde las personas se dicen entre ellas lo positivo de manera frecuente? Yo no me lo imagino, yo lo he vivido y te aseguro que es un sitio del que no te quieres ir, ya que todo se hace infinitamente más fácil: hablar, preguntar y, sobre todo, fallar. ¡¡Sí!! ¡¡Fallar!! Ese gran activo tan poco explotado como elemento de aprendizaje a nuestro alcance.

¿Ves lo importante que es que las personas se sientan VISTAS, SENTIDAS Y OÍDAS? Para mí es un mantra que, en todos los programas de liderazgo que llevo a cabo, repito.

Una medida como la que te he propuesto puede tener un alto impacto positivo, aunque tiene sus riesgos si se acaba convirtiendo en una obligación. Has de tratar de innovar cada año para no caer en algo rutinario y previsible ya que el efecto *wow!* dejaría de existir rápidamente.

"Mi momento *Wow* fue aquel en el que haciendo un ejercicio de *coaching*, miré mi vida y mi futuro como madre que soy (no como mamá, cuidadora de vida, sino como madre, creadora de vida). *WOW!* Las mujeres somos creadoras de vida, somos pura creación con patas. Ese día decidí que, en honor a mis hijos fallecidos (muertes perinatales), iba a expandir mis talentos por el mundo, y decidí crear y darle vida a un proyecto que fuera de mucha utilidad para las personas de este mundo. Mirando la vida como madre que soy (porque la experiencia de ser madre, no hay quien me la quite), se abrió ante mí la vida, como nunca la había visto. ¡Bendito el día en que hice ese ejercicio de *coaching*🙏!".

En este caso se ve claramente que el momento *wow!* llega con la percepción de aquello que le conecta a la autorrealización como persona.

¿Te empieza a sonar familiar algo? ¿Te suena Maslow y su pirámide? En ella nos hablaba de que las personas tenemos una serie de necesidades que cubrir y que cuando cubrimos una, aparece otra y así sucesivamente. El reconocimiento y la autorrealización son las dos últimas necesidades que las personas necesitamos cubrir y las más difíciles de acceder a ellas, por esa razón, llevan ese momento *wow!* cuando sucede.

Me gustaría proponerte algunas cosas más que podrías poner en marcha. Todas estas ideas las puedes sofisticar todo lo que quieras. Se trata de ir siendo creativo y ¿por qué no? Que sea el propio equipo de personas quienes participen del diseño de muchas de las iniciativas. Esto puede chocar un poco con nuestra forma tradicional de pensar desde el rol de líder, que suele estar en la línea de tener las respuestas. Pero si lo piensas, al final, te pagan por lograr un resultado y ese resultado se puede conseguir de muchas maneras. No es tan extraño preguntar a tu *buyer person* qué es lo que opina si lo llevamos en términos de producto y consumidor final. Pues para las iniciativas relacionadas con los clientes a nivel interno (los empleados) tampoco debería de resultarnos tan extraño. El cuestionario de Qualtrics que te he mencionado que puedes crear fue precisamente idea de un equipo de trabajo a raíz de un Hackathon organizado en una compañía. Se crearon varios equipos y el reto era diseñar un proceso de reconocimiento para la propia división y *voilà!* Nació ese proceso y fueron ellos mismos quienes lo diseñaron, configuraron y pusieron en marcha. Unas páginas más adelante, hablaremos del agradecimiento y se volverá a abordar el reconocimiento desde una perspectiva más humanística; aquí te he presentado propuestas de diseño del proceso, pero es necesario que además se reflexione en el para qué y el lugar del que debe nacer.

Con motivo de algún logro alcanzado, podrías organizar algún tipo de actividad extraordinaria en equipo. Encontrar ocasiones para que las personas se junten, en un momento en que se tiende cada vez más a los formatos híbridos puede ser muy interesante. Esto también cubre otra de las necesidades básicas que las personas tienen y es la necesidad de afiliación y pertenencia. Organiza algún tipo de actividad de *team building,* una comida, una actividad deportiva, una actividad liderada por alguno de los miembros que sorprenda con su talento, etc. La idea es que podáis hacer algo que os saque de la rutina, que tenga ese carácter de celebración y que, además, fomente la cohesión y pertenencia. Nadie mejor que tú conoce a tu equipo y puede que se sientan más cómodos si lo hacéis dentro del formato oficina en lugar de hacerlo fuera. Quizá te toque arriesgar para no arruinar el efecto *wow!*

Se puede ir a cuestiones más básicas como el premiar mediante un bono económico (no conviene abusar de este recurso, ya que se acaba interpretando como un derecho adquirido y pierde ese efecto buscado). Quizá dar libres días adicionales cuando las personas han hecho un gran esfuerzo en un proyecto u ofrecer oportunidades de participar en programas de capacitación que se "salen de la hoja de ruta" y que son percibidos de alto valor precisamente por esa exclusividad. Incluso el hecho de proporcionar a las personas más responsabilidades y desafíos que vayan por delante de su posición pueden ser vividos como un momento *wow!* si sabes acompañarlo debidamente (explicando a la persona por qué crees que ella va a poder hacer un gran trabajo ahí, delante de los demás). Es una forma de reconocer su valía y retar para que se atreva a seguir creciendo.

Voy a compartirte mi experiencia respecto a muchos momentos *wow!* que he podido ver durante estos años. Dentro de los programas de desarrollo de habilidades y dinámicas de cohesión de equipos que realizo, hay siempre un momento en el que las personas quedan especialmente impactadas en positivo. Es el momento en que les hago una devolución de su perfil conductual desde diferentes perspectivas. Te voy a hablar de ambas, porque soy una auténtica enamorada del potencial de ambas herramientas.

Por un lado está el **modelo Bridge®,** el cual te explicaré más adelante en otro apartado y, por otro lado, está el **Predictive Index®** de la cual te voy a hablar ahora.

Esta herramienta establece que las personas tenemos 4 impulsores de la conducta que hacen que, bajo determinadas circunstancias, podamos llegar a comportarnos de una manera concreta. No es un "dogma de fe" ni sienta cátedra de nada, sino que nos habla de una conducta previsible. Estos impulsores llevan aparejadas una serie de necesidades que la persona siente la necesidad de cubrir y la forma en que trata de cubrirlas es el comportamiento observable por los otros y aquello que muchas veces nos hace preguntarnos a nosotros mismos por qué reaccionamos como lo hacemos. Te pondré un ejemplo de uno de los *drivers* o impulsores para que entiendas por dónde voy.

El impulsor A se denomina Dominancia. Si la persona está en los sigmas de puntuación superiores a 0, es decir, entre 0 y 3, su dominancia será alta y las necesidades que hay tras una dominancia alta son necesidad de independencia, de control sobre las propias actividades, se sentirá estimulado por los retos y buscará comprender la globalidad de aquello sobre lo que ha va a trabajar. Sentirá la necesidad de mostrar propia valía y dejar su huella personal en aquello que ha realizado.

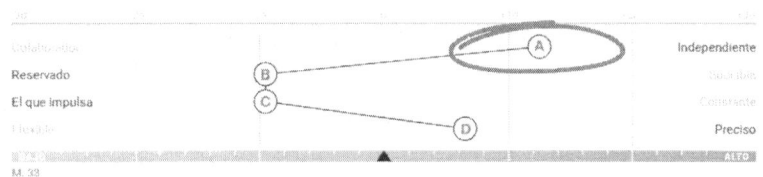

Esto se traduce en comportamientos observables del tipo: persona independiente, resuelta, enérgica. Le gustará aventurarse, probarse a sí misma, innovar y controlar. Pedirá retos. Puede resultar individualista y en ocasiones agresivo si se le desafía. Las personas con dominancia alta quieren sentir que tienen el control de la situación y que forman parte de la toma de decisiones que les afectan.

En el caso de que la puntuación esté entre 0 y -3, la dominancia será baja.

Conductual   Descargar perfil completo   Vista completa   2025 Marzo 20

Colaborador   Independiente
Reservado   Naturales
El que impulsa   Constante
Flexible   Preciso

ALTO
M. 19

En este caso, hay una clara necesidad de armonía, de confianza, de apoyo, de no competición, de colaboración. Necesitará evitar el riesgo.

Por tanto, los comportamientos observables son la evitación del conflicto, la persona trabajará como miembro de un equipo de manera activa, será atenta, agradable, colaborativa, no suele ser crítica, le gustará ayudar, y dar servicio a los otros.

Si la persona obtiene una puntuación entre -0,1 y 0,1, significa que está en el centro y tendrá facilidad para adaptarse a un estilo u otro sin necesidad, por lo que se puede ver fácilmente identificada en ambos lados del eje.

Dicho esto, seguramente tú ya te has empezado a hacer una idea de por dónde se encuentra tu impulsor, ¿verdad? Cuando esto lo hago para todos los *drivers* en sesiones de equipo para todas las personas que forman parte del mismo, se produce normalmente una comprensión profunda de muchas situaciones que para ellos antes no tenían explicación. Suelo realizarlo mediante una dinámica grupal en unas ocasiones, y en otras, lo realizo en sesiones de 1 a 1.

Estas últimas suelen ser cuando la persona se incorpora en la compañía, a fin de que podamos explorar las situaciones que desde la perspectiva de sus impulsores pueden ser las razones de su potencial estrés o malestar y así identificarlo y aplicar las estrategias que comentamos en la sesión o para las sesiones de *mentoring* de cara a abordar el desarrollo de habilidades, ya que explorar el lado contrario de la gráfica es un desafío profesional importante y muchas veces requiere acompañamiento y entender la tensión interna que se siente durante el proceso. Este tipo de conversaciones suele provocar un antes y un después en la autopercepción y en la percepción del entorno dejando un poso muy positivo, porque da respuesta a cuestiones que normalmente venían generando malestar interior a la persona.

Cuando comprendes la naturaleza de tus comportamientos y entiendes que no estás solo ahí, sino que a muchas más personas les sucede lo mismo, te empiezas a sentir mucho mejor. También hace que de pronto puedan comprender a otros compañeros, jefes, parejas, familiares, etc. en su comportamiento y lo que antes veían como algo que les superaba, de pronto, cobra todo el sentido y dejan de resistirse a ello para empezar a mirarlo con curiosidad y, en el mejor de los casos, con aceptación.

Es en esas sesiones donde se produce uno de esos momentos *wow!* que dejan huella y no lo olvidas. Por eso, esta herramienta de Predictive Index me parece tan sumamente potente y útil, y, sin duda alguna, te la recomiendo.

Otro de los momentos *wow!* que noto que se produce es cuando realizamos una dinámica con **Sikkhona®.** Esta dinámica consiste en poner sobre una gran superficie (normalmente varias mesas juntas o directamente el suelo) toda una serie de imágenes que por sí solas no significan nada, simplemente son bonitas fotografías de situaciones y personas cotidianas, pero que, escogidas y explicadas por las personas, cobran vida propia. Esta dinámica me gusta hacerla para que las personas de un equipo se den *feedback* relativo a aquello que valoran y los acerca a los otros. Consiste en realizar una ronda donde cada uno escoge una imagen para entregársela a un compañero, de modo que cada persona reciba entre 3 y 5 imágenes. En el momento en que la persona ha recibido esas 3 o 5 imágenes no se le entrega más. Al final todos deben tener entre esas 3 y 5 imágenes (si dispones de poco tiempo para hacerlo, reduce el número de imágenes por persona). A continuación, se comienza la ronda de *feedback*. Se comienza por una persona cualquiera y aquellos que le dieron una imagen ahora explican el porqué de esa imagen. Antes se ha explicado que ese *feedback* ha de ser detallado, concreto y específico para que tenga un efecto positivo, ya que si se queda en algo genérico al final pierde su finalidad. También ha de ser sobre temas que no sean los evidentes. Por ejemplo, si una persona tiene una gran habilidad para contar chistes y hacer reír a los demás, decirle que es "divertida" es proporcionarle poca información sobre sí misma, ya que esto es algo que conoce. Se trata de poder ampliarle más su área ciega y su área desconocida que antes explicamos en la ventana de Johari.

La persona que lo recibe agradece sin más con un "Gracias". Es muy importante que el receptor no diga más, ya que a veces es común ver que la persona se siente un tanto incómoda por estar recibiendo halagos y tiende a quitarle valor o importancia a lo que los otros le están diciendo. Por eso, dar simplemente las gracias fuerza a las personas a aceptar esa validación. Cuando acaba la dinámica, las personas sienten que se van de allí con algo valioso y con una sensación de plenitud visible, dado que muchas veces no somos conscientes del impacto y efecto positivo que podemos estar teniendo en los demás y descubrir esto hace que nuestra autoestima salga reforzada.

Con Sikkhona se pueden hacer muchísimas más dinámicas muy diferentes entre sí. Hay otra que, a mí, particularmente, me sirvió para descubrir una forma de crear una conexión emocional rápida con el otro. Esta dinámica también la suelo realizar para la cohesión del equipo. Vuelvo a colocar las imágenes boca arriba repartidas por el suelo y pido a todos los asistentes que escojan una imagen que represente algo de ellos mismos que no suelen mostrar. Volviendo a la ventana de Johari, sería mostrar tu área oculta.

Tanto para esta dinámica como para la anterior, como persona facilitadora es muy importante que sea yo quien haga la muestra en primer lugar para que entiendan el nivel de profundidad esperado y el tiempo de respuesta. Confieso que gracias a esta dinámica y el haberla hecho con infinidad de grupos he logrado transformar cosas que estaban en mí y que me suponían cierto freno interno. Cuando lo verbalizas, cuando expones tu vulnerabilidad frente a otros, sucede que lo que antes estaba siendo tu sombra de pronto cobra luz, porque al mostrarla a otros en un entorno de plena seguridad psicológica donde no te sientes juzgado, sino escuchado, es realmente sanador. Esto como anécdota personal. Lo que he podido además observar en quienes participan es algo bastante similar. Hablar de ello les hace más fuertes. Y, por supuesto, no puedo dejar de mencionar el momento *wow!* con la cantidad de historias que las personas cuentan, porque te permite ver a la persona en cuestión de minutos de una manera totalmente diferente de como la veías hasta ese momento. Siempre siento que es como cuando se abre el telón y descubres el escenario y ese escenario es realmente precioso y te quedas impresionado. Una vez has visto al ser humano que hay tras las corazas que cada uno nos ponemos, se produce esa revelación del otro, ese momento *wow!* y la relación entre las personas del equipo se transforma.

En definitiva, los momentos *wow,* al final, están la mayoría de las veces relacionados con ver al otro en sus necesidades, miedos, comportamientos y validarle como la persona que es. Algo tan sencillo logra engrandecer al otro.

Momentos decepcionantes

Los momentos decepcionantes son aquellos que van drenando la energía y motivación. Aquellos que pueden hacer que la persona haga un clic interior y pasar de ser el más comprometido a sentir que se le rompió ese contrato emocional con la compañía. La diferencia entre un punto de dolor y un momento decepcionante es la sostenibilidad en el tiempo. Uno se va fraguando poco a poco como consecuencia de varios elementos y el otro sucede a raíz de un hecho puntual.

En muchas conversaciones mantenidas con diferentes personas a lo largo de distintas compañías, he podido comprobar que a veces basta una simple conversación, una ausencia de felicitación por un acontecimiento especial para la persona, una muestra de indiferencia donde se esperaba un reconocimiento, una exigencia donde se sabe que ya no se puede dar más o una situación compleja, notificada y no resuelta sostenida en el tiempo, lo que hacen que las personas se giren y la decepción haga que su nivel de compromiso…, ¡zas!, se evapore así de rápido.

Situaciones decepcionantes siempre van a existir, es inherente al ser humano depositar expectativas en los otros y esperar que las cumplan o tener una forma de ver el mundo y esperar que el resto del mundo se comporte de la forma en la que uno espera. Hay personas que han trabajado más en sí mismas y pueden gestionar estas situaciones mejor, de modo que no se lo toman como algo personal, sino que lo ven como circunstancias a resolver que no son personales y que incluso escapan de su zona de control e influencia. Pero no suele ser lo más habitual. Lo más habitual es que depositemos en el otro la causa de nuestra decepción, con o sin razón.

Entonces ¿qué podemos hacer ante esto? Si sé que se va a producir y quiero evitar que suceda, ¿qué puedo hacer? Para mí la respuesta más realista sería: no se trata tanto de evitar que suceda, como de detectar cuándo está sucediendo y remontar la situación lo mejor posible en ese momento.

Las personas que lideran y gestionan equipos tienen capacidades finitas, como el resto de los humanos (lo remarco porque a veces se nos olvida). Por eso, muchas veces se equivocarán, harán las cosas mal, decepcionarán a sus equipos, tomarán decisiones que vayan en contra de lo que los otros esperaban y eso dará lugar a situaciones tensas donde algunos se planteen su continuidad. El liderazgo es un camino eterno de aprendizaje, son caídas constantes hacia delante, es prueba y error en ocasiones, es entender que aquel que quiere alcanzar "la maestría" va a tener que aprender por el camino y ese camino no es idílico.

Lo que sí va a poder hacer ese líder que quiere mantener al equipo comprometido es aprender a escuchar y aprender a abrir espacios de conversación constantes con el objetivo de proponer soluciones.

Cuando hablo de aprender a escuchar, en este caso lo hago refiriéndome a la escucha no verbal: observar la expresión facial y corporal del otro, sus silencios, las palabras no dichas. ¿Qué sensación te transmite? Si estás sintiendo incomodidad: ¡ahí lo tienes! Es que se está produciendo o se ha producido un momento **decepcionante** y la persona te lo está queriendo hacer saber.

Es en este momento donde te la juegas. Tienes tres posibles salidas:

a. Te enganchas a la situación y absorbes la energía del otro, de modo que te pones a la defensiva negándole su derecho a sentir lo que está sintiendo.

b. Sientes que pasa algo, pero prefieres ignorarlo, porque sería "abrir un melón" y no tienes ni tiempo ni ganas para eso.

c. Recoges el mensaje no verbal y abres espacio de conversación haciendo de espejo del otro: "Veo que algo te inquieta/molesta/preocupa", "Percibo que estás decepcionado, ¿es así? Me gustaría que habláramos de ello, quiero entender tu punto de vista".

Si te reconoces en las opciones a) y b) la buena noticia es que ya sabes que está en tu mano poder cambiar muchas de las situaciones que te suceden con las personas…

Si optaste por la opción c) me gustaría plantearte un estilo de aproximación de cara a resolver este tipo de situaciones cuando percibes que se está produciendo:

Analizar la posible causa subyacente
↓
Pensar posibles soluciones
↓
Crear un plan de acción

Puede parecer un modelo evidente, y es que lo es. Lo que sucede en ocasiones es que, en lugar de pasar a la acción, nos enrocamos, nos enganchamos a nivel personal y dejamos de pensar objetivamente comenzando a tomar decisiones poco efectivas o incluso totalmente viscerales o desde el ego que nos conducen a empeorar la situación inicial.

Por eso te planteo lo de crear un espacio de conversación. Ese acercamiento enfocado en el análisis-solución-acción ha de ser en la medida de lo posible junto con la otra persona. Si quieres que el otro sienta resarcida la situación, entonces has de dar con aquello que despierte su interés en términos de sentirse compensado. Y la única manera es... hablando y preguntando. De esta forma vas a poder dar con la solución que mejor se adapte a todos.

Como todo, hay diferentes formas de ver los "momentos decepcionantes". Cuando somos nosotros los decepcionados (perspectiva mánager) y desde la perspectiva de aquel que se decepciona (perspectiva equipo).

Una persona no comprometida genera decepción en el líder del equipo. Pero ¿cuál es la razón que hay detrás de su comportamiento, por qué no está comprometida? Quizá hubo antes una decepción previa o una necesidad no cubierta que le llevó a comportarse de esa manera.

Vamos a analizar desde diferentes ángulos esas situaciones para proponer posibles soluciones y planes de acción concretos de modo que puedas cambiar un momento decepcionante por un momento *wow!*

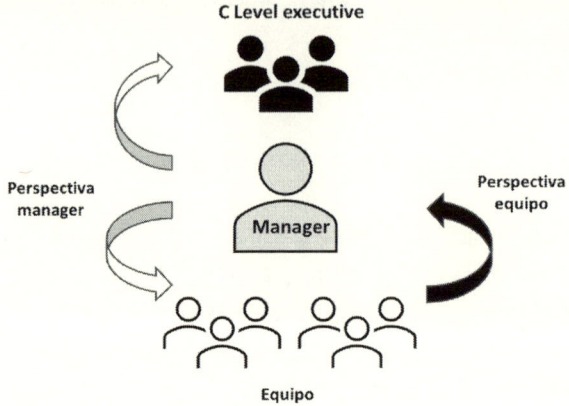

Perspectiva del mánager:

Los momentos decepcionantes pueden producirse en relación con el equipo de personas que gestiona y/o en lo relativo a su relación con la alta dirección. Estos son solo algunos de los infinitos posibles momentos (he de decir que son los que me he encontrado de manera más habitual):

☐ Momento 1: falta de compromiso de las personas del equipo.

☐ Momento 2: conflictos internos recurrentes que merman la moral del equipo y llevan al traste cualquier iniciativa que tratas de plantear.

☐ Momento 3: resistencia al cambio en el equipo.

☐ Momento 4: el equipo parece no valorar ni apreciar todo lo que se está luchando por ellos.

☐ Momento 5: hay constantes actitudes negativas y pesimistas que desmotivan al resto de personas y que inevitablemente acaban contaminan el ambiente de trabajo.

☐ Momento 6: falta de iniciativa por parte del equipo; en lugar de tomar la iniciativa de cara a resolver problemas o proponer proyectos, se quedan la mayor parte de las veces a la espera de directrices precisas.

☐ Momento 7: las personas del equipo no muestran interés ninguno ni se esfuerzan por mejorar sus conocimientos y sus habilidades, haciendo que su desarrollo profesional quede estancado, lo cual se acaba notando en la calidad del trabajo realizado.

☐ Momento 8: las personas del equipo que no cumplen con los plazos establecidos, afectando el progreso de proyectos importantes.

☐ Momento 9: se producen ausencias frecuentes y no justificadas por parte de algunas personas del equipo, lo cual afecta a la continuidad del trabajo y al clima, ya que supone una sobrecarga para los demás y la pérdida de espíritu de equipo.

☐ Momento 10: dificultad para gestionar egos y personalidades fuertes que buscan imponer sus ideas sin considerar las opiniones de los demás.

Los momentos descritos son las situaciones producidas a resolver. ¿Quieres profundizar más? Te invito a que explores conmigo cada uno ellos y que anotes aquello que te resuene y que creas que puedes poner en práctica:

Momento 1. Darte cuenta de que algunas personas del equipo no están tan comprometidas como tú esperabas con los objetivos marcados o con el proyecto en curso o con el propósito o con la función o la compañía en sí:
Invertiste mucho tiempo en hacer una buena definición, sabes que son objetivos que os ayudarán a seguir creciendo, has tratado de hacer siempre las cosas bien, escuchando, apoyando, pro-

porcionando lo que creías que era justo para la persona en cada momento y aun así... notas que algunas personas no están por la labor de poner su esfuerzo en alcanzarlos y eso te genera una profunda decepción, porque sientes que para qué tanto esfuerzo si al final no lo valoran y cada uno va a lo suyo.

Posible causa subyacente: puede que la persona esté a su vez desmotivada por diversas razones o puede que esté desalineada con los objetivos establecidos. Que le pongamos mucho esfuerzo no tiene por qué tener un retorno proporcionalmente directo. Puede que esas personas que notas que no están enganchadas con el proyecto estén atravesando un momento complicado en su vida o puede que sus prioridades profesionales sean otras. Sea cual fuere la causa, al final, en los entornos profesionales, hemos de dar un rendimiento y lograr que las personas lo hagan se puede hacer de diferentes maneras: imponiendo o consensuando. Creo que sobra decir por el tipo de estilo que abogamos...

Quiero hacer un paréntesis que invite a la reflexión aportando el testimonio de Juan: "Mi puesto no es solo conseguir objetivos de venta, sino también gestionar equipos de personas, verificar instalaciones... Pero al final del año preguntan: ¿qué has vendido? No preguntan por las otras cargas de trabajo".

Posibles soluciones: indaga en las posibles causas de la desmotivación (quizá está enfadada, quizá no termina de entender la finalidad de estos, quizá no entiende realmente en qué consisten, incluso quizá no sabe cómo alcanzarlos), escucha, valida sus razones y a partir de ahí, fija de manera conjunta objetivos que resulten estimulantes para la persona. En la definición, asegúrate de que el cómo se van a alcanzar está claro y que dispone de los medios para poder realizarlo. A veces me encuentro muchas personas ahogadas en sus tareas diarias renunciando a proyectos que les encantan por no tener tiempo de poder hacerles frente. Hablar de priorizar es algo que todos hacemos con mucha facilidad, pero lo cierto es que llevarlo a la práctica requiere maestría, porque supone decir no a muchas cosas y el arte de la asertividad no todo el mundo lo domina.

Plan de acción detallado: ¿qué tal si estableces una reunión anual para definir conjuntamente objetivos y otras trimestrales para reajustarlos?

Averigua si el equipo te necesita para reorganizar sus agendas (sí, son adultos y se les supone una serie de habilidades, pero ¿y si haces de mentor desde la perspectiva de gestión? No tienes nada que perder y mucho que ganar).

Piensa en unos buenos incentivos que trasciendan lo económico y trata de fomentar la toma de decisiones de manera más participativa.

Momento 2. Conflictos internos recurrentes dentro de los equipos: las relaciones entre las personas del equipo no son todo lo buenas que deberían, por más que intentas que haya armonía, no lo consigues: esto hace que la productividad se vea resentida y que muchas iniciativas que llevas a cabo acaben empañadas o no valoradas, porque la tensión entre las personas lo hace imposible.

Posible causa subyacente: quizá te falte desarrollar habilidades de gestión de conflictos o saber mostrar el enriquecimiento que supone la diversidad de caracteres y habilidades que cada uno posee como un activo y no como un problema.

Posibles soluciones: invertir en desarrollar las habilidades de resolución de conflictos y, por otro lado, fomentar un ambiente de trabajo colaborativo.

En lo que respecta al equipo, podrías trabajar con ellos el autoconocimiento y posteriormente hacer una sesión conjunta para entender vuestros diferentes perfiles y la aportación positiva que cada uno hacéis desde ahí al equipo. De esta manera, la aceptación del otro es mayor y puede comenzar a verse aquello que generaba rechazo y conflicto, como algo que complementa. El modelo DISC® que ya mencionamos con anterioridad es muy efectivo para esto.

Hay otro modelo que también es muy revelador y es similar y, sobre todo, fácil de recordar. Antes lo mencioné cuando hablé de hacer las devoluciones de perfiles y expliqué el Predictive Index®.

Se trata del **modelo Bridge**®. Este modelo también ha sido desarrollado por el Instituto de comunicación (mismos autores que Sikkhona). Bridge ® es una herramienta psicométrica que ayuda a descubrir el estilo relacional de las personas. Todos somos distintos, tenemos nuestra forma de expresarnos, y nos gusta —o nos conecta— una determinada comunicación. www.institutodecom.com/bridge

Modelo BRIDGE. Instituto de comunicación.

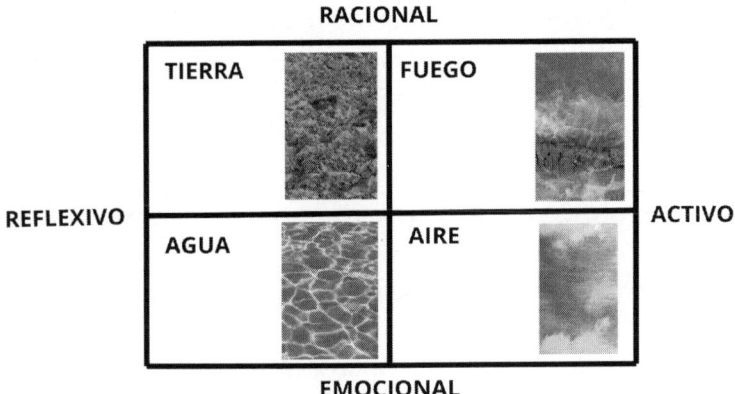

Plan de acción detallado: puedes comenzar por organizar talleres de habilidades interpersonales, crear un protocolo de mediación en el caso de conflicto, definir un procedimiento en el caso de que surja la necesidad y veas que con las habilidades de mediación no ha sido suficiente y buscar una herramienta de las tantas que hay en el mercado que te ayuden a analizar los diferentes perfiles de las personas (Predictive Index ®, Bridge ®, Insight ® DISC ® por citar algunas) y llevar a cabo una dinámica de integración una vez tengas todos los perfiles definidos.

En los años que llevo dentro del área de recursos humanos, he tenido la oportunidad de hacer innumerables dinámicas de cohesión de los equipos y siempre me resulta fascinante ver cómo logran verse de manera diferente unos a otros. Pero también te digo que esto no es magia, esto requiere de un ajuste recurrente y un *mindset* orientado constantemente a la apertura de miras por parte de todos.

Momento 3. Encontrar resistencia al cambio dentro del equipo cuando se está tratando de desplegar una nueva estrategia o se designan nuevos responsables o se están implantando nuevos procesos o sistemas de información y eso sabes que va a impactar en los resultados. Por más que lo explicas, sientes que ellos no lo ven como una prioridad y te ves solo frente a esa compleja situación, sin saber cómo hacerle frente y preguntándote qué más puedes decirles para que reaccionen.

Posible causa subyacente: puede que las personas no vean la ganancia o beneficio del cambio, solo perciben la pérdida y el trabajo adicional a corto plazo que les supone la adopción del nuevo escenario propuesto. También puede ser debido a que se haya despertado algún miedo primario como miedo a no estar a la altura o miedo a la pérdida de poder. Muchas veces las personas ni siquiera son conscientes de que están boicoteando el proceso de cambio y si les preguntas por qué lo hacen, no sabrían tampoco dar una respuesta precisa. Es una sensación sorda lo que muchas veces tienen a la que no saben ponerle palabras que la justifiquen.

Posibles soluciones: muchas veces, el problema está en la forma de pedir las cosas. ¿Quizá tu planteamiento sea percibido como una ganancia "para ti" y un esfuerzo para ellos? "¿Por qué tendría que hacer yo ese esfuerzo?, ¿dónde está la reciprocidad?". Estas cuestiones no te las van a plantear directamente, pero puede que estén detrás los comportamientos que estás viendo. Esto no quiere decir que haya una intención negativa ni de dolor en su comportamiento. Lo que quiero transmitir es que los activadores o inhibidores vienen muchas veces por la forma en que lanzamos el mensaje. Por ello, prepararlo bien es el primer paso.

Plan de acción detallado: en todo proceso de cambio la comunicación es la clave. Comunica, comunica y sigue comunicando. Las preguntas pueden ser siempre las mismas. Pero las respuestas van cambiando a medida que el nuevo escenario se va definiendo y puede que si tú estás muy involucrado en ese cambio o transformación padezcas la maldición del conocimiento (es decir, saber mucho sobre lo que está pasando) y de ahí creer que los demás saben más de lo que realmente saben y no ves la necesidad de comunicar con la frecuencia que se debería realizar. Piensa que todo vacío en la comunicación va a ser llenado por las suposiciones, la mayoría de las veces erróneas, de las personas. Recoge todas las inquietudes, hazlo si quieres con un cuestionario anónimo y organiza jornadas de "Ask me anything", de modo que puedas dar respuesta a todas las dudas. Estas jornadas de "Ask me" también te van a servir para evangelizar sobre los beneficios del cambio. Contar con un equipo descentralizado que esté en contacto con muchas personas te puede ayudar a tener cubierto un entramado sistémico relacional para saber qué se mueve a todos los niveles y así dar respuesta allá donde se necesite.

Momento 4. El equipo parece no valorar ni apreciar todo lo que se está luchando por ellos.

Por tu parte sientes que haces todo lo posible para lograr que el equipo tenga beneficios, buenas condiciones, acceso a cuestiones que hasta ese momento han sido de difícil accesibilidad, mantienes conversaciones estratégicamente preparadas con las capas directivas para lograr cosas para tu equipo y después descubres que a las personas les parece insuficiente o no lo aprecian o valoran en absoluto; es más, te piden que logres más cosas, porque aquello se queda corto. Esto produce en ti una sensación de profunda decepción, ya que nadie más que tú sabe cuánto te ha costado lograr lo que les has podido proporcionar y te lleva a plantearte si merece la pena esforzarte tanto en ese sentido.

Posible causa subyacente: quizá la clave está en que efectivamente nadie sabe mejor que tú el esfuerzo que supone lograr cosas, ya que tú sí eres conocedor del punto de partida, dado que es desde el que has de elaborar tu estrategia de negociación.

Los demás valoran la situación desde aquello que conocen, por lo que no pueden valorar aquello que desconocen. No te digo tanto que les expliques todos los detalles, ya que hay información que a veces no aporta, sino que resta, sino que simplemente lo tengas en cuenta a la hora de emitir un juicio sobre cómo te sientes. Mira con amplitud y trata de analizarlo desde la perspectiva de aquel que solo conoce una parte de la historia y donde, además, y quizá ahí está la clave para no tomarlo como algo personal, ¡ni siquiera es de su interés aquello que has luchado y logrado! Sí, estas cosas suceden. Lo que tú crees que es bueno para ellos, quizá ellos no opinan lo mismo y sean otras cuestiones las que les resulten más interesantes. O quizá su umbral está muy elevado respecto a lo que esperaban que lograras por los entornos de los que vienen y sus experiencias previas.

Aprovecho para traer una cita que refleja este posible momento decepcionante y su causa subyacente:

> *Lo que nos mete en problemas no es lo que no sabemos,*
> *sino lo que creemos que sabemos, pero no sabemos.*
> Mark Twain.

Sea como fuere, "nunca llueve a gusto de todos", es algo que has de asimilar para no venirte abajo cuando sientas que no agradecen lo que has logrado, ya que no eres tú, son ellos y sus necesidades, expectativas y circunstancias.

Posibles soluciones: saber de primera mano por qué no tiene ese impacto positivo que tú esperabas te ayudará a comprender esas necesidades, expectativas y circunstancias mucho mejor y a focalizar bien tus esfuerzos en lograr aquellas cosas que para ellos sí son importantes. También te servirá para hacer un ajuste en el momento de las expectativas, ya que no siempre se va a poder lograr todo lo que las personas esperan.

Planes de acción detallado: organiza un *workshop* y haz varias rondas de *brainwriting* o *brainstorming* con varias preguntas comunes para todos, de modo que puedas abrir el diálogo de una manera organizada y asegurándote de esta forma de que todo el mundo participa y responde.

Momento 5. Hay constantes actitudes negativas y pesimistas que desmotivan al resto de personas y que inevitablemente acaban contaminan el ambiente de trabajo.

Posible causa subyacente: está claro que siempre va a haber actitudes más positivas y otras menos positivas, esto en cualquier contexto de la vida nos lo vamos a encontrar, por tanto, es algo que cuanto antes aceptemos como algo dentro de la normalidad y no dentro de la excepcionalidad, mejor. Aquí causas como tales, ni me atrevería a citar. Las actitudes negativas pueden tener infinitas causas y no estar en absoluto relacionadas con el contexto laboral. En el caso de que la causa sí esté relacionada con el contexto laboral, es decir, que la persona ha cambiado su actitud progresivamente o de repente, puede estar relacionado con un impacto negativo que ha podido tener algún tipo de decisión que puede que esté a un nivel que no esté directamente bajo tu control.

Posibles soluciones: has de abordar cuanto antes esta situación. No dejes que se solucione por sí misma, ya que normalmente te encontrarás que quizá la persona cesa en su actitud, porque lo que lo generó se resolvió cuando hablaste con ella o viste cómo podías revertirlo, pero las otras personas que adoptaron su perspectiva (efecto contagio) se han quedado también ahí en la negatividad y ya es más complicado sacar a 3 que a 1. Por eso, no confíes en el tiempo. Ponte manos a la obra.

Plan de acción detallado: convoca a la persona (si son varias, mejor ve una a una). Cuando la tengas frente a ti, explícale la razón por la que quieres mantener la conversación y el objetivo a lograr de la misma. Cuando le expliques la razón, trata de ser lo más objetivo posible y mostrar ejemplos concretos de su comportamiento o actitud, no hables de suposiciones ni lleves mensajes de terceras personas: "Me han dicho que….". Explícale el impacto que esa actitud está teniendo en el equipo, en el clima, en el trabajo, en el cliente, en la calidad del servicio, etc. Es decir, explícale que su comportamiento tiene impactos y esos impactos tienen consecuencias.

Esta parte es importante que no sea en un tono represor, sino que sea lo más neutro posible. Piensa que quizá la persona no es consciente de hasta qué punto está afectando al bienestar de los demás y que lo único que busca es desahogarse. Es necesario que tenga una visión amplia de ese efecto del aleteo de una mariposa. Una vez le expliques el impacto, deja que te explique, que té de su visión de las cosas, y después, pregúntale qué cree que podría hacer diferente a partir de ese momento y cómo puedes contribuir tú en que así sea. Se trata de que, de manera conjunta, logréis encontrar una forma de hacer las cosas diferentes y que tú estés ahí para acompañar, aportar o ayudar en todo aquello que puedas.

Este tipo de conversación es una conversación que podría considerarse difícil, porque la persona puede sentirse atacada o dolida, así que prepara bien lo que vas a decir y recuerda constantemente el objetivo de la conversación al otro para que no tenga el ruido interno pensando que está en un grave aprieto. Se trata simplemente de que el otro sepa que tu intención es lograr tener un mejor ambiente para que todos trabajen más a gusto.

Momento 6. Falta de iniciativa por parte del equipo; en lugar de tomar la iniciativa de cara a resolver problemas o proponer proyectos, se quedan la mayor parte de las veces a la espera de directrices precisas.

Posible causa subyacente: depende de cómo se mire, puede ser interpretado como un punto de dolor, o simplemente puede ser interpretado como un proceso evolutivo natural del equipo de trabajo. Es normal que las personas o los equipos muestren esa actitud; si no tienen la experiencia suficiente o la confianza necesaria, quizá se están mostrando cautos. Es momento de analizar ese grado de madurez. Para ello te invito a que analices la gráfica de liderazgo situacional de Hersey y Blanchard (RE-HACER).

Si el grado de madurez (desde la perspectiva del nivel de conocimiento y experiencia) es bajo, es normal que la persona se muestre cauta y a la espera de que le guíes y establezcas los siguientes pasos. Todo comienza en el cuadrante **E1 Dirigir** para ir evolucionando hacia los siguientes. Este primer cuadrante es para esos casos. Reflexiona, pregunta a la persona para ver dónde se ve ubicada. Esto te puede proporcionar luz sobre el tipo de acompañamiento que necesitan de ti.

LIDERAZGO SITUACIONAL

		COMPORTAMIENTO DIRECTIVO	
		BAJO	**ALTO**
COMPORTAMIENTO DE APOYO	**ALTO**	**ASESORAMIENTO** E3: Alta relación Bajo foco en tarea Va siendo más autónomo y a veces necesitará tu refuerzo	**ENTRENAR** E2: Alto foco en tarea Alto foco en relación con pares, clientes y organizativamente. Foco en softskills
	BAJO	**DELEGAR** E4: Bajo foco en relación Bajo foco en tarea Ojo!! involúcrale en temas importantes, de lo contrario, lo perderás.	**DIRIGIR** E1: Alto foco en tarea Bajo en relación pero cuida de su adaptación al equipo, especialmente si está en remoto

También puede pasar que no tenga nada que ver con lo anterior y que esté más relacionado con el estilo de liderazgo que tú mismo ejerces. Si tiendes a ser quien asume el mando de la mayoría de las cosas y dejas poco espacio para que los demás lo hagan, probablemente hayan aprendido que no hay espacio para ese tipo de actitudes y hayan activado el piloto automático. Sacar a las personas de ahí, si por tu parte no hay una consistencia en tu estilo de liderazgo participativo, va a ser difícil.

Posibles soluciones: hablar abiertamente de las expectativas y del valor que se espera que aporte cada una de las personas. Hay un mal hábito que es pensar que el otro ya debería saber algo así. Y lo cierto es que no. Suponer, una vez más, nos lleva a la ineficiencia. En lugar de ver el problema en el lado del otro, reflexiona sobre aquello que está en tu zona de control e influencia que no está siendo atendido por tu parte y que, de serlo, podría producirse un cambio en la actitud de las personas.

Plan de acción detallado: ¿qué tal crear un proceso de delegación consensuado? Soy una firme defensora de la necesidad de acordar con el otro la mejor forma de hacer el seguimiento de cualquier persona. Organiza una sesión de trabajo con las personas de tu equipo para fijar lo siguiente:

1. **¿Qué** se delega?

2. **¿Cómo** se delega?: si es *junior* o con poca experiencia serás tú quien explique el cómo. Si es *senior* o con mucha experiencia que proponga él o ella cómo.

3. Pide que **recapitule** lo que has dicho.

4. ¿Ha **anotado** la persona lo que tiene que hacer? Que envíe un *mail* con lo hablado para asegurarnos de que lo tiene claro y no se deja puntos importantes olvidados.

5. ¿Está **capacitada** la persona para la tarea que le estamos delegando? ¿Qué necesitaría?

6. ¿Cómo vas a **controlar la calidad** del trabajo delegado? Pon puntos de control y páctalos con la persona.

7. ¿Qué **riesgos** tiene esta tarea delegada? Exponlos y define el plan de acción en el caso de que se detecte alguno (no sabe continuar, no recibe respuesta de quien corresponde, etc.).

8. **¿A quién se puede dirigir** en el caso de que tenga dudas?

Para que haya apertura en la conversación es importante que crees un **marco de seguridad psicológica**: es normal tener dudas, es normal equivocarse, forma parte del aprendizaje, estamos juntos en esto, etc.

Momento 7. Las personas del equipo no muestran interés ninguno ni se esfuerzan por mejorar sus conocimientos y sus habilidades, haciendo que su desarrollo profesional quede estancado, lo cual se acaba notando en la calidad del trabajo realizado.

Posible causa subyacente: pueden ser varias razones. Quizá tengan una elevada carga de trabajo que les hace quedar sin energía para asumir nuevos retos y nuevos conocimientos. O puede que a nivel personal no puedan dedicarle este tiempo por las circunstancias que hay en su vida. También puede ser que no sientan la necesidad de que tengan que hacerlo por estar a gusto en la posición en la que están. No es lo mismo por tanto no querer que no poder.

Posibles soluciones: cuando se trata de "un no querer" hay que explicar abiertamente el impacto que tiene en su carrera profesional el no seguir mejorando. La persona está teniendo puesta la mirada en el corto plazo y no es consciente de que el desarrollo profesional en realidad a quien más beneficia es a ella misma, dado que el mercado es exigente cuando sales al mismo. Si es una cuestión de "no poder" es momento de ver si se puede balancear la carga para que la persona pueda incorporar esa nueva pieza en su vida. Tratar de dar una pequeña vuelta más cuando la persona está llegando a su límite solo tensiona y a veces rompe.

Plan de acción detallado: pregunta. Aborda abiertamente lo que estás percibiendo. Detecta la causa. No actúes en base a suposiciones ni traces ningún plan sin tener la certeza de lo que está ocurriendo. Pregunta anónimamente primero (lanza encuesta anónima) y, después, sigue profundizando uno a uno. Te vas a sorprender de la cantidad de información interesante que obtienes y cómo va a ir dibujándose sola esa hoja de ruta.

Momento 8. Las personas del equipo no cumplen con los plazos establecidos, afectando el progreso de proyectos importantes.

Posible causa subyacente: pueden ser causas diferentes:

- Las personas no tienen claro realmente qué es lo más importante, es decir, les cuesta trabajar priorizar.

- Quizá se está poniendo el foco en lo que cada uno considera que se espera de él por no haber una definición clara de objetivos.

- Las personas están desbordadas de trabajo y les cuesta sacar adelante todas las responsabilidades.

- Les puede estar faltando las habilidades o conocimientos necesarios para realizar la tarea de manera óptima y por ello la van postergando.

- Están molestos por algo que haya pasado (una expectativa no cumplida, una sensación de abandono, roces con compañeros, etc.) y es su forma, pasivo-agresiva, de hacerlo notar.

Posibles soluciones: una vez más, hacer un buen diagnóstico de la situación se hace imprescindible para dar con la solución adecuada y no errar probando diferentes cosas. El anonimato de una encuesta puede servir para que las personas digan de manera más abierta lo que les pasa. No todo el mundo se siente cómodo diciéndote a la cara aquellas cosas en las que cree que tendrías que mejorar; proporciona un canal para que puedan abrirse y así actuar en consecuencia.

Plan de acción detallado: elaborar un cuestionario para un posterior diagnóstico y el consiguiente plan de acción. Recuerda también el uso de herramientas como la matriz de Eisenhower para que prioricen en base a una pregunta: ¿qué son las tres cosas más importantes por las que me pagan y cuáles las 5 críticas que a final de semana han de estar hechas? Recordar a las personas que han de poner en perspectiva sus tareas diarias les puede ayudar mucho a reorganizarse mejor.

Matriz de Eisenhower

Momento 9. Se producen ausencias frecuentes y no justifi-cadas por parte de algunas personas del equipo, lo cual afecta a la continuidad del trabajo y al clima, ya que supone una sobrecarga para los demás y la pérdida de espíritu de equipo.

Posible causa subyacente: puede que el síndrome de *burnout* esté empezando a dar la cara; la falta de compromiso no viene de un día para otro. Es un proceso lento que se va colando.

También puede ser debido a problemas personales de la persona y el temor que puede producirle el explicarlo.

O un mal ambiente al que no se le está dando la importancia necesaria y que, sin embargo, para la persona es altamente estresante.

Quizá la falta de confianza fue el origen de lo que ahora está sucediendo. Hay personas que tienden a poner muchos mecanismos de control para asegurarse de que la gente trabaja. Es un estilo de gestión muy enfocado en la microgestión. La microgestión parte de la desconfianza hacia el otro: como no me fío de que vaya a sacar su trabajo adelante, entonces voy a estar muy encima de la persona, ya que, de otra manera, perderé el control.

Aplicar esta forma de gestión tiene muchos riesgos. Ya vimos en qué momentos podía ser recomendable. Más allá de esos momentos, resulta contraproducente. Un equipo que se siente fiscalizado tiende a tener altos niveles de estrés y su nivel de implicación cada vez va a ser menor hasta el punto de poder llegar a tener ausencias no justificadas. El *burnout* se puede manifestar de muchas otras maneras.

Posibles soluciones: comenzaría por tratar de poner mecanismos de detección y manejo del *burnout* implementando un sistema para detectar tempranamente signos de *burnout* y proporcionar apoyo adecuado (breve formulario de "Temperatura semanal" con 2 preguntas sencillas y rápidas de contestar).

Puedes también hacer semanal o quincenalmente una evaluación de la carga de trabajo de las personas y redistribuirla para asegurar que no hay sobrecarga o que nadie se queda sin trabajo, porque esta última situación también produce mucha ansiedad en las personas: "¿Será que no creen que soy bueno y por eso no me pasan a mí trabajo? ¿Quizá me van a despedir? Debería estar aprendiendo y no lo estoy haciendo"…

Y como medida que también puede ayudar a esta situación y a muchísimas otras que se pueden estar produciendo: implanta un programa de bienestar para el empleado. El introducir iniciativas de bienestar y salud mental, como sesiones de *mindfulness*, yoga y asesoramiento psicológico gratuitas o con precios especiales, tiene múltiples efectos positivos sobre las personas. En muchas organizaciones lo primero que te preguntan es: ¿cuál es el retorno de todo esto? ¿cómo lo vamos a medir? y ¿cómo aumentará la productividad? Si este programa se hace solo con la finalidad de obtener un retorno y rápido aumento de la productividad, entonces no es más que un *human washing* (es decir, un lavado de cara hacia el exterior para decir lo bien que cuidamos a la gente). La finalidad que ha de ir más allá del resultado económico; pasa por entender que las personas son el alma de la compañía y, como tales, es necesario velar por su bienestar. Tan sencillo como esto. En ocasiones puede que no haya posibilidad de destinar presupuesto para algo así, pero si el mindset existe, si la mentalidad está presente, cualquier pequeña ocasión se vivirá como una oportunidad de proporcionar ese bienestar que sentimos que las personas merecen.

Plan de acción detallado: elabora el cuestionario para hacer un diagnóstico. Resérvate ese hueco todas las semanas para revisar cargabilidades y pide presupuesto para actividades de bienestar (tras haber cotejado cuáles son del interés de las personas). Si empiezas por las actividades de bienestar directamente, no van a tener el efecto deseado, ya que la raíz no está siendo abordada. Han de ser concebidas como un complemento, no como la solución en sí.

Momento 10. Dificultad para gestionar egos y personalidades fuertes que buscan imponer sus ideas sin considerar las opiniones de los demás e incluso perjudicando a otros compañeros.

Posible causa subyacente: encarar conversaciones con personas que están provocando esas situaciones puede ser algo realmente difícil precisamente por temer la reacción que puedan tener. Muchas veces "lo dejamos caer" esperando que la persona se dé por aludida y esto no suele pasar, por tanto, el problema persiste.

Posibles soluciones: esto requiere una conversación abierta y directa en privado.

Plan de acción detallado: aquí mi recomendación es que hagas lo mismo que te planteé en el plan de acción del momento 6; ten esa conversación, prepárala y llega a acuerdos con la persona para que cambie su actitud. Estas conversaciones hay que hacerlas no desde el reproche, sino desde el deseo de lograr que el otro logre algo que es más beneficioso para sí mismo. Si la persona lo percibe como reproche se pondrá a la defensiva y su comportamiento incluso se podrá agravar. Primero, tú mismo has de creer que esa conversación tiene una finalidad positiva y has de hacerla desde el mismo lugar que la haría un mentor con su pupilo: con respeto, curiosidad y empatía.

Si tras mantenerla ves que nada ha cambiado, sería momento de plantearse el orientar una nueva conversación hacia el impacto que su actitud podría tener en su carrera profesional y sus relaciones a medio plazo. A veces no somos conscientes de que nuestras formas nos van cerrando puertas profesionales y pararnos a pensar sobre ello puede ser el impulsor interno necesario para que nos planteemos una forma diferente de alcanzar resultados.

Como cierre a estos momentos decepcionantes, me gustaría preguntarte por el coste de la no transformación.

¿Cómo crees que seguirá la rotación ante la no transformación, al alza o a la baja?

¿Crees que el potencial de crecimiento de la organización será mejor de aquí a 5 años, considerando el tipo de sociedad en el que nos estamos transformando y sabiendo que el humanismo cada vez está teniendo más peso en la misma?

¿Cuál es el coste de todas las situaciones que antes he ido mencionando? Te hablo de coste, porque lo hay. Puede ser un coste económico por los errores que se comenten y la posterior subsanación de estos, puede ser un coste económico por la baja productividad de las personas, también puede serlo porque el equipo deja de ser competitivo desde una perspectiva de innovación o puede ser un coste a nivel de imagen hacia el exterior.

El coste de la no transformación es real, y está ahí y el mercado te lo hace saber cuando quieres salir a buscar talento (para reemplazar aquel que se marcha porque no aguanta más) y a los profesionales no les resulta atractivo trabajar allí.

> *Momento de parar, pensar, ser honestos y, tras ello, coherentes y consecuentes.*

Capítulo 7:

La importancia del agradecimiento

¿Qué descubrirás aquí?

* **Reconocer y agradecer**
* **¿Cómo llevarlo a cabo?**

> *La raíz de todo bien crece en la tierra de la gratitud.*

Los momentos *wow!* y el reconocimiento no solo generan satisfacción inmediata, sino que construyen un banco de energía emocional para enfrentar cualquier dificultad o cualquier reto futuro. Un equipo que se siente visto, escuchado y valorado es capaz de superar cualquier obstáculo.

Liderar desde la autenticidad, celebrar cada pequeño logro y fomentar un entorno donde se validen las necesidades humanas crea comunidades de propósito. Como líderes, nuestra tarea no es solo lograr resultados, sino transformar nuestro equipo en una fuerza imparable que vibra al unísono.

Vamos a ahondar más en el concepto de **agradecimiento,** que tiene el poder de transformar a aquellos que tienen la fortuna de ser objetos de la misma.

Reconocer y agradecer

Si deseas construir un equipo u organización, reconocer y agradecer son dos acciones muy cercanas, pero bien distintas:

RECONOCER (RE-CONOCER = volver a conocer): según la RAE es dar a conocer públicamente el mérito contraído o la capacidad demostrada por una persona. Admitir o aceptar que alguien o algo tiene una determinada cualidad o condición.

AGRADECER (sentir gratitud): es expresar el agrado (una emoción) que nos produce recibir algo que no esperábamos, o que excede de lo que podíamos esperar en un momento determinado. Es expresar el sentimiento de valoración que se tiene hacia otro. Un sentimiento que generalmente lleva a tratar de devolver de alguna forma la colaboración recibida.

RECONOCER

- Es un acto racional (usamos la mente, cerebro izquierdo).

- Basado en hechos objetivos, observables.

- Nuestro rol se limita a poner la voluntad de expresarlo.

AGRADECER

- Es un acto emocional, nace del corazón, del cerebro derecho.

- No depende de las circunstancias, sino de tu elección personal de mostrarte agradecido por ello (por ejemplo, agradecer el esfuerzo, aunque no haya logrado el resultado esperado).

- Está vinculado a superar tus expectativas, o a algo que desees apreciar y valorar (cuidado los muy exigentes, que nos ponemos las barreras muy altas y nos dificulta agradecer).

Es más que aconsejable incluir circunstancias y hechos, pero nunca olvides las palabras nacidas en tu corazón, son las que marcan la diferencia.

Lo que permite combinar corazón y mente, emoción + razón. La razón convence, el corazón enamora.

Produce vínculo emocional y refuerza la relación entre ambos.

Con el tiempo, activa la devolución del agradecimiento recibido, generando relaciones fuertes y ricas.

Según varios estudios practicar la gratitud tiene un impacto directo en el bienestar a todos los niveles:

Robert A. Emmons y Michael E. McCullough (2003):

- Estudio seminal sobre los efectos de la gratitud. Descubrieron que practicar la gratitud diariamente conlleva a mayores niveles de bienestar subjetivo, salud mental y física, y a una mayor resiliencia.

Wood, Joseph, y Maltby (2008):

- Investigaron cómo la gratitud se relaciona con el bienestar psicológico, encontrando que las personas con un mayor nivel de gratitud reportaban una mayor satisfacción con la vida y menores niveles de depresión.

Lyubomirsky, Sheldon, y Schkade (2005):

- Estudiaron cómo la práctica de la gratitud mejora el bienestar personal a largo plazo, encontrando que llevar un diario de gratitud aumentaba significativamente la felicidad y el bienestar general.

Voy a comenzar hablando sobre la gratitud interna, que es la gratitud hacia uno mismo. Siempre empezamos por nosotros mismos para poder crear nuestra propia realidad. Imagina que no puedes agradecerte a ti mismo, entonces no podrás tener un agradecimiento sincero hacia el resto de las personas del equipo, empieza siempre por ti primero.

Fomentar la gratitud hacia uno mismo es un hábito, puedes tomarte un momento cada día para reflexionar sobre tus logros, cualidades positivas y momentos gratificantes y agradecer lo afortunado que eres.

La autogratitud es el acto de reconocer y valorar todas nuestras partes, las brillantes y las oscuras. Practicar la autogratitud significa apreciar toda nuestra esencia, incluso las partes que a veces preferimos esconder e ignorar. Es un acto de coraje y autoaceptación.

La autogratitud es un catalizador poderoso para la bondad, tanto hacia uno mismo como hacia los demás, porque nos permite cultivar un sentido de autoaceptación y autocompasión. Cuando te das cuenta de esto y te agradeces a ti mismo de todas formas, te vuelves más comprensivo y bondadoso con los demás, dejas de juzgar tan duramente, porque entiendes que todos estamos en el mismo barco, intentando hacer lo mejor que podemos con las herramientas que tenemos.

Y es cuando llenas tu corazón de agradecimiento que empiezas a agradecer a los demás.

> *La gratitud se da cuando la memoria se almacena en el corazón y no en la mente.* Lionel Hampton.

¿Cuántas veces has dado gracias en el día de hoy? ¿Han sido agradecimientos sentidos o más bien automáticos?

Agradecer, un acto valiente de mostrar nuestros sentimientos, un acto de humildad para engrandecer a otros, un hecho que muestra la conciencia de lo que sucede más allá de los resultados conseguidos. Una forma preciosa de decir "te veo", "eres importante para mí y te lo demuestro". En India utilizan el saludo *namaste,* que significa "me inclino ante ti", "mi alma honra la tuya".

En mi experiencia con equipos y organizaciones, un agradecimiento bien hecho es siempre más poderoso que cualquier reconocimiento. Su componente emocional consigue milagros.

Utilizar el agradecimiento como una herramienta de mejora continua es un despertar de conciencia para darte cuenta de las cosas que hacen las personas con las que trabajas, de saber apreciarlas, y finalmente de decidir y ser capaz de expresarlo de forma poderosa. Todo ello no deja de ser un proceso de desarrollo y crecimiento en la persona que entrega los agradecimientos.

Y mágicamente cuando uno crece hace crecer a los demás con los regalos que entrega.

¿Cómo llevarlo a cabo?

> *Agradecer las aportaciones de los demás, así como reconocer sus logros, no te hace más pequeño, te convierte en el líder que todos desean seguir.*

Un agradecimiento puede tener diversas formas, elige en cada momento el que mejor se adapte a ti y al propósito que buscas:

- Un espacio de conexión íntima entre dos personas (entrega vivencial en privado) que puede reforzarse y materializar con una entrega escrita para que pueda recordarla en el futuro.

- Un espacio público en el que se entrega a alguien en particular (entrega vivencial pública). Esta puede ser una segunda acción una vez la has entregado en privado.

- Una nota escrita a mano que se entrega en mano o que se deposita en su lugar de trabajo. Esta nos permite que se encarne en algo tangible que esa persona pueda releer en el futuro (entrega remota privada).

- Un *mail* (entrega remota privada y digital).

- El cuestionario, *app* u otras herramientas que ya comentamos en los momentos *wow!*

Ten en cuenta que las entregas públicas tienen un componente de visibilidad frente a todo su equipo u organización que las hace más poderosas, pero algunas personas se pueden sentir incómodas al recibirlo. Por ello, antes de hacerlo te aconsejo que la prepares para tal recibimiento.

Seis son los pasos a seguir para crear un buen agradecimiento:

1/ Despierta tu conciencia y pon tu atención en las personas que te rodean y sus actuaciones

2/ Prepárate

3/ Dale la forma adecuada

4/ *Revísalo*

5/ *Entrégalo*

6/ *Captura el momento*

0/ Ponemos cero, porque sin la activación previa de tu conciencia y tu atención, no podrás descubrir las pequeñas o grandes cosas que las personas hacen todos los días. Es el pilar sobre el que se sostiene todo lo demás. En esta fase se encuentra también la conexión con tu alma, con tus emociones, para tomar la fuerza y entregar el agradecimiento.

En el mejor de los casos, estamos acostumbrados a dar agradecimientos por las consecuciones (normalmente de hitos destacados) o por los favores que hemos pedido, pero hay mucho más que tu conciencia puede percibir y agradecer: el esfuerzo para un proyecto, la ilusión o entusiasmo que se ha insuflado al equipo, las renuncias que se hacen, la entrega, el apoyo que se recibe… Muchas veces todo esto se convierte en obligaciones o responsabilidades asociadas a un puesto o proyecto, pero eso no significa que no pueda agradecerlo. Podemos agradecer intangibles, aunque los resultados finales no hayan sido los deseados, hemos puesto algo para intentarlo.

También se pueden agradecer elementos cotidianos, que pueden parecer pequeños incluso demandables: la puntualidad, el compromiso de entregar a tiempo, la honestidad, el trabajo en equipo… En definitiva, dar un agradecimiento verdadero es gratis, y a todos nos gusta recibirlos.

1/ Prepárate: busca tu mejor estado para escribirlo o tener la reunión con esa persona a la que quieres regalar un agradecimiento. Dale la importancia que se merece al momento, buscando conectar con todo tu ser, y nada mejor para ello que estar en tu mejor versión. El agradecimiento ha de ser auténtico y conectado contigo, si no, corres el peligro de convierte en un cartero que entrega un paquete de alguien, que simplemente hace su trabajo, sin emoción real.

2/ Dale la forma adecuada: especialmente al principio, te aconsejo escribirlo antes, lo que te permitirá revisarlo y pulirlo:

El agradecimiento ha de ser auténtico (de corazón).

Si expresa tus emociones será más poderoso.

Debe estar ligado a circunstancias concretas y comportamientos (eso reforzará en positivo y facilitará su repetición), igual que hicimos con el *feedback*.

Cuida tus palabras, elige las mejores palabras para tocar su alma (date cuenta de la importancia que toma aquí el conocerlo y adaptar tu estilo a esa persona para maximizar el impacto).

Debe contar exactamente que estás agradecido (igual que en el *feedback*). Cuanto más concreto más poderoso.

Muy recomendado materializar los agradecimientos con un escrito físico, es una conexión poderosa y reutilizable para el que la recibe.

3/ Revísalo: una vez escrito, vuelve a leerlo en voz alta para sentir cómo las palabras elegidas relatan lo que quieres decir, practica distintas entonaciones si quieres destacar una parte, siéntete por un instante el receptor de dicho agradecimiento y percibe qué sensaciones te produce. Tal vez veas que es mejor cambiar alguna expresión o palabra (juega con algunos cambios para ver cuál es mejor).

4/ Entrégalo: una vez revisado y pulido, elige la forma de entregarlo. La más poderosa es en vivo, cara a cara con esa persona, mirándole a los ojos. Dicen que los ojos son el espejo del alma, así que al tener contacto visual tu alma conecta con la suya. Entrega el agradecimiento con calma, sintiendo en tu cuerpo aquello que expresas, conectando con la otra persona, creando el espacio mágico en el que entregarás un regalo muy especial.

5/ Captura el momento: no dejes que ese regalo tan poderoso se convierta en una conversación superficial, es un instante para dejarse sentir y conectar mutuamente. Una huella en ambos.

Cuando la vida es dulce, da gracias y sonríe. Cuando la vida es amarga, da gracias y crece.

Ejercicio:

Ahora que sabes cómo es el proceso, ¿a quién puedes dar tus primeros agradecimientos? Elige al menos a dos personas con las que vas a trabajar para darles un agradecimiento. Sigue los pasos descritos y pruébalo. ¿Cómo te has sentido? ¿Cómo has percibido a esa persona afortunada?

"No es la felicidad lo que nos hace agradecidos, es la gratitud es lo que nos hace felices", tal como explica David Steindl-Rast en su TED-talk.

Un equipo cohesionado y motivado puede superar cualquier obstáculo. Hemos visto cómo el liderazgo con valores y el reconocimiento sincero son fundamentales para crear un entorno donde cada miembro se sienta valorado y comprometido. Ahora que entiendes la importancia de los vínculos dentro del equipo, es momento de dar un paso más allá y ver el cuadro completo: la organización como un sistema interconectado. Porque los equipos no existen en el vacío; son parte de un todo mayor que influye en su funcionamiento y éxito.

¿Listo para ampliar tu perspectiva y comprender cómo cada elemento de la organización se conecta y afecta al sistema en su conjunto? Descubramos cómo utilizar la mirada sistémica para liderar de manera más consciente y efectiva.

CAPÍTULO 8:
SISTÉMICA ORGANIZACIONAL

¿Qué descubrirás aquí?

- **La mirada sistémica**
- **Los 5 sistemas que afectan el entorno profesional**
- **Diferencia entre grupo y equipo**
- **Criterios de buen funcionamiento del equipo**
- **La relación con los pares y el vínculo hacia arriba**

Las organizaciones son sistemas complejos, donde cada acción genera una reacción y cada decisión tiene un impacto en el todo. Entender esta dinámica es fundamental para liderar con eficacia. En este capítulo, aprenderás a ver tu organización como un sistema vivo, en constante interacción con su entorno. Descubrirás **cómo** los cambios en un área pueden afectar a todo el sistema y cómo utilizar esta perspectiva para gestionar de manera más consciente y efectiva. Porque liderar no es solo tomar decisiones aisladas, sino entender cómo cada pieza encaja en el rompecabezas.

Cambia tu forma de ver la organización. Piensa en términos sistémicos y descubre cómo puedes influir en el todo a través de cada decisión. Alinéate con la dinámica de tu organización y conviértete en el líder que comprende y guía el sistema.

La mirada sistémica

> *Ni las finanzas, ni la estrategia, ni la tecnología. Definitivamente, la mayor ventaja competitiva en una organización es y seguirá siendo el trabajo en equipo.* Patrick Lencioni (autor de *Las cinco disfunciones de un equipo).*

La mirada sistémica aporta un entendimiento nuevo, partiendo de la premisa de que, más allá de sus miembros integrantes, el equipo es una entidad en sí misma.

Si nos fijamos bien, el IQ es un cociente puramente personal e individual, donde hablamos de "mi inteligencia individual, del yo conmigo mismo". La inteligencia emocional EQ se amplía y nos lleva a salir de nuestra propia persona para integrar al otro como un factor importante en nuestro propio éxito. Ya no solo importa el "yo", sino que necesito integrar al otro, nace el "tú y yo". Vivimos tiempos excepcionales donde necesitamos ampliar todavía más la mirada, e incluso eso se nos queda obsoleto. El cambio de paradigma en el que estamos nos obliga a mirar en clave global y llegamos al "nosotros". Esto va de equipo, va de agrandar el espectro de acción y convertirlo en global, colectivo e inclusivo.

> *Una organización es un sistema vivo, donde cada decisión afecta a todos sus elementos.*

Para adentrarnos en la comprensión del equipo como entidad en sí misma, tenemos que echar un paso atrás y entender la importancia de los sistemas en nuestra vida. Todos formamos parte de numerosos sistemas donde nos movemos y evolucionamos. Estamos impregnados y modulados por esos sistemas que nos componen y desde ahí nos relacionamos con los demás y con el mundo.

Empecemos con una pequeña lección de biología. El proceso de desarrollo de cualquier organismo vivo, desde la bacteria, la planta o el animal, ocurre siempre en interacción con el ambiente en el que se encuentra. Es decir, que **los organismos adquieren del ecosistema los recursos necesarios para sobrevivir y desarrollarse.**

Esta cuestión básica de biología fue desarrollada y aplicada en 1987 al sistema familiar por el psicólogo ruso U. Bronfenbrenner. Este expone la hipótesis de que el entorno en el que crecemos es determinante para moldear nuestra personalidad, nuestros gustos y preferencias.

Me parece que tiene mucho sentido extrapolar esta teoría al sistema profesional para entender las fuerzas ocultas que pueden estar afectando a una persona en concreto, en un equipo determinado, en un entorno dado, en un momento temporal concreto.

Los 5 sistemas que afectan en el entorno profesional

Personal: el primer sistema es el propio, el que trae la persona de su educación familiar, de su situación privada y personal en su vida. Sus creencias, límites, proyecciones y formas personales de entender el mundo están activas en la persona y, por lo tanto, en su entorno profesional. No podemos dejar en casa lo que somos a la hora de ir a trabajar.

Interpersonal: este segundo nivel es el correspondiente a la interacción que tiene la persona con los miembros del equipo con quienes trabaja. Sus compañeros, su responsable directo a quien reporta, las diferentes personas de interés y contribuidores en la elaboración de su trabajo. Esta es la relación más evidente y se produce en ambas direcciones, donde el interlocutor también lleva consigo su sistema personal y su particular forma de ver el mundo y de estar en él. En realidad, las interacciones entre dos personas en el entorno profesional están teñidas por sus sistemas propios que llevan integrados en ellos y que moldean sus respectivas interacciones.

Indirectos: en el tercer nivel están los elementos que afectan de forma indirecta a la persona en su entorno profesional. Por ejemplo, el nivel jerárquico de su jefe, la unidad de negocio donde trabaja, los beneficios de los que pueda gozar o la presión que pueda estar teniendo su responsable o su producto por parte de la dirección general. Todo esto afecta de forma indirecta a una persona de muchas maneras. Por ejemplo, en el nivel de estrés que maneje su responsable o en el tiempo que pueda dedicar a darle retroalimentación y acompañamiento.

Externos: el siguiente nivel que afecta al individuo es a nivel organizacional. Los valores, la cultura y la misión de la empresa. No es lo mismo trabajar para una multinacional puntera y sólida que para una empresa familiar local. No tiene el mismo efecto trabajar en una sucursal descentralizada o en la sede principal de la casa matriz, el país donde se encuentre o las particularidades que rodean al ámbito local donde esté situado el empleado.

Temporales: el último nivel tiene que ver con la temporalidad. Según el momento del que estemos hablando, el equipo de trabajo, el responsable, los grupos de interés, la organización puede estar atravesando situaciones muy diferentes.

Esto nos da una idea clara de que todos "somos" muchos sistemas diferentes que cohabitan en nosotros: familia, amigos, club de deporte, religión, nacionalidad, etc. Cada persona trae consigo al despacho cada mañana todos sus sistemas activos en sí mismo y desde ahí se relaciona con los demás, con su equipo y con el entorno.

En ocasiones, estos diferentes sistemas pueden estar entrando en conflicto y de forma inconsciente pueden estar provocando distorsiones en la interacción del equipo.

> *Comprender la dinámica de los sistemas es la clave para liderar con visión y eficacia.*

Desde la mirada sistémica, entendemos al individuo como una "parte" del "todo" que sería el equipo. A través del *coaching* de equipos, podemos **detectar si un conflicto** o desajuste en el equipo **se ha generado a nivel individual** (parte) o en el equipo (todo) y proponer una intervención adecuada.

En ocasiones el individuo como "parte aislada" puede sentir que avanza, cuando el equipo como "sistema" puede estar estancado o ir para atrás.

Diferencia entre grupo y equipo

Cuando en mis formaciones de liderazgo y gestión de equipos hago la pregunta "¿Qué diferencia hay entre un grupo y un equipo?", la respuesta más común que suelo obtener es: "Un equipo es un grupo de personas con un objetivo común". Entonces, les pregunto: "¿Quiere decir esto que un grupo de personas haciendo la cola en la panadería con el objetivo común de comprar pan son un equipo?". No. Evidentemente no.

Un grupo de personas pueden trabajar juntas, tener el mismo líder y el mismo objetivo y no por ello funcionar como un equipo.

¿Cuáles son entonces las características que diferencian un grupo de un equipo?

Un equipo es un grupo de personas interconectadas que trabajan de manera coordinada para lograr un objetivo común.

La principal diferencia que presenta el equipo con relación al grupo es la interdependencia de sus miembros. En un equipo cada miembro es a la vez autónomo y dependiente de los demás.

Criterios de buen funcionamiento del equipo

El rendimiento y la cohesión de un equipo son esenciales para el éxito de cualquier organización. Pero ¿cómo determinamos si un equipo está funcionando adecuadamente? ¿Qué criterios debemos considerar para evaluar su eficacia?

Ruth Wageman, destacada académica de la Universidad de Harvard, ha dedicado más de tres décadas a investigar y comprender las dinámicas de los equipos. Su trabajo se ha centrado en identificar las condiciones que propician un rendimiento excepcional en los equipos y cómo estos pueden alcanzar la excelencia en su funcionamiento.

Basándose en sus extensas investigaciones, Wageman propone **tres criterios esenciales** para evaluar la excelencia de un equipo:

1. **Logro de objetivos:** un equipo eficiente no solo cumple con los objetivos establecidos, sino que a menudo los supera. Esta superación es una clara indicación de su compromiso, dedicación y habilidades.

2. **Cooperación y mejora continua:** un equipo de alto rendimiento no solo trabaja conjuntamente, sino que busca constantemente formas de mejorar y optimizar su desempeño. Esto implica establecer un compromiso compartido, fortalecer habilidades colectivas y adoptar estrategias de trabajo inteligentes. Además, estos equipos son proactivos

en identificar y corregir errores, así como en reconocer y capitalizar oportunidades emergentes.

3. **Desarrollo y crecimiento individual:** más allá del rendimiento colectivo, un equipo excepcional se preocupa por el desarrollo personal y profesional de cada uno de sus miembros. La experiencia dentro del equipo debe enriquecer, educar y contribuir al crecimiento individual de sus integrantes.

Los hallazgos de Wageman revelan una realidad interesante y es que solo una pequeña minoría de equipos logran destacar en estas tres dimensiones simultáneamente.

Es más común encontrar equipos que satisfacen dos de estos tres criterios. Sin embargo, es preocupante que también existan equipos que no cumplen con ninguno de estos estándares, lo que no solo amenaza su propia continuidad, sino también la estabilidad y éxito de la organización a la que pertenecen.

En el mundo empresarial actual, donde el cambio es constante, los equipos que funcionan con estos criterios demuestran **mayor capacidad de adaptación** ante nuevos desafíos, tecnologías o metodologías. La adaptabilidad no solo se refiere a la capacidad de cambiar, sino también a la habilidad de aprender y evolucionar juntos como equipo.

> *En un equipo, cada miembro es una pieza fundamental de un rompecabezas complejo y en constante movimiento.*

También, un equipo que está alineado con la **cultura y valores de la organización** tiene mayores probabilidades de éxito. Esta alineación asegura que todos los miembros del equipo estén trabajando hacia una visión y misión comunes, fortaleciendo el sentido de pertenencia y propósito.

En conclusión, para que un equipo alcance su máximo potencial, es esencial que los líderes y miembros del equipo estén al tanto de estos criterios y trabajen activamente para cumplirlos y superarlos. Solo así se logrará una sinergia que impulse tanto al equipo como a la organización hacia el éxito sostenido.

Principios sistémicos

En el ámbito empresarial, el éxito no solo depende de las habilidades individuales y la ejecución de estrategias, sino también de la dinámica y las interacciones dentro de los equipos. Las constelaciones familiares y sistémicas, una metodología desarrollada por Bert Hellinger, se han adaptado al contexto organizacional para abordar y resolver problemas subyacentes que afectan la productividad y el bienestar de los equipos en las empresas. Este enfoque sistémico proporciona una visión integral que puede transformar la manera en que los líderes entienden y gestionan sus equipos.

Los 3 principios sistémicos son los siguientes:

1. **Pertenencia**: cada miembro de la organización necesita sentir que pertenece al equipo. La sensación de pertenencia es fundamental para la cohesión y la motivación. En el contexto empresarial, esto implica reconocer y valorar las contribuciones de todos los empleados, asegurando que nadie se sienta excluido o ignorado.

2. **Orden**: el orden se refiere a la estructura y jerarquía dentro de la organización. Cada miembro del equipo debe conocer su rol y responsabilidades, y debe haber claridad en la cadena de mando. El respeto por la antigüedad y la experiencia también juega un papel crucial, ya que una estructura ordenada facilita el flujo de información y la toma de decisiones.

3. **Equilibrio entre dar y recibir**: en cualquier sistema, debe haber un equilibrio entre lo que se da y lo que se recibe. En el mundo empresarial, esto significa que los empleados

deben sentir que sus esfuerzos y contribuciones son reconocidos y recompensados adecuadamente. Un desequilibrio en esta dinámica puede llevar a la desmotivación y al conflicto.

Los pilares sistémicos aplicados al mundo empresarial proporcionan una base sólida para el funcionamiento efectivo de los equipos. Al garantizar la pertenencia, el orden y el equilibrio entre dar y recibir, los líderes pueden crear un entorno de trabajo que fomente la colaboración, la resolución de conflictos, la motivación y la resiliencia. Este enfoque integral no solo mejora el bienestar de los empleados, sino que también impulsa el éxito y la sostenibilidad de la organización en su conjunto.

Para los líderes empresariales, directivos y ejecutivos, incorporar los principios de las constelaciones sistémicas en la gestión de sus equipos puede transformar la dinámica interna, potenciando tanto el crecimiento personal como el rendimiento organizacional.

En última instancia, este enfoque holístico se convierte en una herramienta invaluable para navegar los complejos desafíos del mundo empresarial moderno.

La importancia del propósito

Puede parecer evidente que para que un equipo pueda existir y funcionar necesita un propósito claro y compartido de todos sus miembros, y quizás te sorprendería saber que cuando trabajo con equipos y hago la pregunta "¿Cuál es el propósito de este equipo?" muchas personas no me sepan contestar, es más, muchas veces nadie se lo ha explicado y ni siquiera se han hecho la pregunta. En el mejor de los casos, ellos saben lo que tienen que hacer, pero no siempre tienen claro ni se han planteado cuál es el verdadero propósito del equipo.

Es una de las principales tareas que llevamos a cabo en *coaching* sistémico de equipos, el permitir a los equipos definir y compartir un propósito claro. Cuando esto sucede, el equipo no solo destaca en términos de productividad, sino que también se distingue por su cohesión, motivación y resiliencia.

Tener un propósito claro y compartido actúa como una brújula que guía a los miembros del equipo, alineando sus esfuerzos y energías hacia un objetivo común.

Algunos de los beneficios para el equipo de tener un propósito claro son los siguientes:

1. Alineación de objetivos y esfuerzos

Un propósito claro proporciona un punto focal que alinea los objetivos individuales y colectivos. Cuando todos los miembros del equipo entienden y comparten el propósito, sus esfuerzos se sincronizan, lo que resulta en una mayor eficiencia y efectividad. La alineación reduce la duplicidad de esfuerzos y asegura que todos trabajen hacia la misma meta, optimizando el uso de recursos y tiempo.

2. Motivación y compromiso

El propósito actúa como una fuente de motivación intrínseca. Los empleados que comprenden y se identifican con el propósito de su equipo y organización están más comprometidos y dedicados a su trabajo. Este sentido de significado y pertenencia eleva la moral y la satisfacción laboral, lo que a su vez disminuye la rotación de personal y aumenta la lealtad hacia la empresa.

3. Coherencia en la toma de decisiones

Un propósito claro sirve como una guía para la toma de decisiones. Cuando los miembros del equipo enfrentan dilemas o desafíos, pueden referirse al propósito compartido para determinar el mejor curso de acción. Esto no solo acelera el proceso de toma de decisiones, sino que también asegura que las decisiones sean coherentes y alineadas con los valores y objetivos de la organización.

4. Resiliencia y adaptabilidad

Los equipos con un propósito claro son más resilientes y capaces de adaptarse a los cambios y desafíos. En momentos de crisis o incertidumbre, el propósito compartido proporciona estabilidad y dirección, ayudando al equipo a mantenerse enfocado y unido. Esta resiliencia es crucial para navegar los altibajos del entorno empresarial dinámico y competitivo.

5. Fomento de la innovación

Cuando los equipos tienen un propósito claro, están más dispuestos a innovar y tomar riesgos calculados en la búsqueda de sus objetivos. El propósito proporciona un marco dentro del cual se pueden explorar nuevas ideas y enfoques, fomentando una cultura de creatividad y mejora continua

¿Qué estrategias podemos llevar a cabo para definir y comunicar un propósito claro en los equipos?

Diría que la primera y más importante estrategia es involucrar a todos los miembros del equipo en la definición del propósito, esto puede crear un sentido de propiedad y compromiso. Facilitar discusiones abiertas donde todos puedan expresar sus ideas y valores ayuda a **construir un propósito de forma colaborativa** que sea representativo y significativo para todos.

Una **comunicación constante y coherente** también es de vital importancia. Los líderes deben integrar el propósito en su comunicación, desde reuniones y presentaciones hasta informes y correos electrónicos. Reiterar el propósito regularmente asegura que permanezca en el centro de la atención del equipo.

Después **alinear los objetivos y metas individuales** y del equipo con el propósito compartido es esencial. Cada meta debe ser un paso hacia la realización del propósito general, lo que ayuda a mantener la coherencia y la relevancia en el trabajo diario.

Por último, **reconocer y celebrar los logros** que contribuyen al propósito del equipo refuerza su importancia y motiva a los miembros. Celebraciones y reconocimientos periódicos no solo mantienen el propósito en el foco, sino que también fortalecen el sentido de comunidad y logro compartido.

Los líderes deben ejemplificar el propósito en sus acciones y decisiones. Liderar con el ejemplo es fundamental para inspirar a los miembros del equipo a seguir el propósito con la misma dedicación. Los líderes deben mostrar cómo el propósito guía sus propias decisiones y comportamientos.

> *Para cambiar una organización, no basta con cambiar sus procesos; es necesario cambiar su forma de pensar.*

La relación con los pares y el vínculo hacia arriba.

Dos de las relaciones más interesantes, complejas de liderar, y de las que más podemos aprender, son la de los pares (mismo nivel que uno) y la que tenemos con nuestros superiores. En ambos casos no tenemos una situación de poder hacia ellos, sino que o estamos en igualdad o estamos a su disposición. Todo ello hace que sean relaciones en las que poner a prueba todas nuestras capacidades.

En ambos casos tendremos que desarrollar relaciones de influencia, eso significa que el resultado no depende directamente de nosotros, y por tanto deberemos desarrollar la aceptación de las decisiones, a la vez que nos tocará desplegar todas nuestras estrategias de influencia para intentar convencerlos.

Vamos a diferenciar primero entre relación y vínculo. Relación hace referencia a cómo conectamos y correspondemos a las acciones y situaciones con otras personas, nos habla de comportamientos humanos. Por su lado, el vínculo es la unión o atadura que tenemos con una persona: padre-hijo, jefe-empleado, marido-mujer, amigos… Podemos tener un vínculo empleado-empleado (de iguales) y nuestra relación puede estar desequilibrada o ser nula. Los vínculos los marcan los organigramas, las relaciones (tipo, cantidad, calidad) las deciden las personas.

La denominada visión sistémica es una manera diferente de ver las cosas, una manera amplia de entender la realidad. Todo está conectado entre sí, de manera que la forma tradicional de análisis que te han enseñado, basada en fragmentar para entender, queda totalmente obsoleta, debes entender también las interconexiones, la relación con los otros elementos y sistemas.

La sistémica centra su mirada en las relaciones que se forman entre los elementos del sistema. Si observaras a tu equipo desde la 10ª planta de un edificio, verías los elementos que lo componen, pero pondríamos atención en cómo se comportan entre ellos, es una mirada que complementa la tradicionalmente usada de foco en los detalles. Por ejemplo, si se ubican en círculo, podríamos observar los huecos de las personas que no están, aunque a esa distancia no sepamos exactamente quiénes faltan.

Una de las leyes de la sistémica nos habla sobre el orden (responsabilidad y prevalencia). Los elementos llegan a un sistema (conjunto de elementos interconectados entre sí en una relación dinámica, con patrones de comportamiento y con un objetivo común), y cada elemento tiene su lugar y su posición según un orden jerárquico. Cada miembro se incorpora a un lugar de trabajo con una responsabilidad determinada (no todas tienen la misma relevancia para la subsistencia del sistema). La persona de mayor responsabilidad para la subsistencia de la empresa va primero (responsabilidad) y a igualdad de responsabilidad, las personas que llegaron antes también van primero (prevalencia). La mirada sistémica nos dice que, si cuidamos el orden, el sistema (la empresa/equipo) tendrá menos conflictos e irá mejor.

Esto es relevante porque significa que, para el sistema, tu jefe va antes que tú, aunque tú sepas más y lleves más años en la empresa. También nos dice que en la relación con tus iguales prestes atención a la importancia de cada responsabilidad y de la antigüedad.

¿Por qué te cuento todo esto? En muchos procesos de *mentoring* me han preguntado cómo pueden convencer/cambiar a su jefe. Sistémicamente la respuesta es que no puedes ni debes, por tanto, lo que toca trabajar es la aceptación. La aceptación es recibir voluntariamente o sin oposición lo que se da, ofrece o encarga, conlleva actividad y compromiso, es aceptar que esta situación negativa forma parte de nuestra vida, con la que conseguiré seguir creciendo. No confundir con resignación (conformarse, aguantar, tolerar, consentir, sobrellevar), que implica pasividad, conformismo, esperar que pase.

Lo que sí puedes hacer es tratar de influenciarlo para que él tome en consideración tus posibilidades y tal vez desde ahí cambiar el rumbo. Lo mismo sucede con tus pares, ambos estáis al mismo nivel salvo por la antigüedad en llegar y/o la importancia del área para la supervivencia de la compañía.

Como ya hemos visto en otros capítulos, tienes herramientas para ello, y ahora vamos a ampliarlo con algunos conceptos más que pueden servirte para crear influencia en pares, superiores, clientes o incluso en tu propio equipo.

> *Influir no es cuestión de argumentar ni de convencer, es cuestión de enamorar.*

Hasta los predominantemente racionales no toman decisiones solo basados en datos, sino que responden a factores que nos rodean. Persuadir es inducir, mover, obligar a alguien con razones a creer o hacer algo. Influir es producir ciertos efectos como el hierro sobre la aguja imantada, la luz sobre la vegetación, el impacto que tiene una cosa sobre otra.

Recordarte, como ya hemos visto en el capítulo sobre poder personal (la influencia), que Robert Caldini nos hablaba sobre los siete principios sobre los que podemos construir la influencia, y en concreto darte cuenta de que existen 2 situaciones organizacionales que acentúan estas premisas:

- **Cuando nos falta tiempo para reflexionar**, algo muy habitual en nuestra vivencia actual en el mundo empresarial.

- **Cuando no tenemos conocimientos suficientes**, algo muy claro cuando comparamos personas de nuestro mismo nivel, pero de distintas áreas, o incluso respecto a nuestros superiores (donde es fácil que manejen más información que nosotros).

No quiero cerrar este apartado sin invitarte a usar el poder de la influencia sin manipulación, porque en ese caso tarde o temprano se volverá en contra tuya. Recuerda que la razón (argumentos, mental) convence, el corazón (emociones, relacional) enamora.

Ejercicio:

Revisa los siete principios de influencia y trata de crear un mensaje con cada uno de ellos destinados a la persona con la que hayas elegido muscular tu influencia.

Liderar desde una perspectiva sistémica te permite ver más allá de las acciones individuales y comprender el impacto de cada decisión en el conjunto de la organización. Ahora que has aprendido a pensar en términos de sistemas, es crucial que apliques esta visión para identificar y resolver los problemas estructurales que afectan a tu equipo y a tu organización.

Pero no todos los problemas son visibles a simple vista; algunos se esconden bajo la superficie y solo se revelan a través de los puntos de dolor.

Acompáñame en el próximo capítulo, donde exploraremos cómo identificar y gestionar los puntos de dolor en tu organización, transformando los desafíos en oportunidades de crecimiento y mejora.

PARTE IV:

DE LA COMPLEJIDAD A LA ACCIÓN: RESPUESTAS HUMANISTAS A LOS RETOS EMPRESARIALES

El mundo empresarial está en constante evolución, y con cada avance surgen nuevos retos que los líderes deben enfrentar con determinación y visión. Pero en cada desafío también se esconde una oportunidad para innovar, crecer y transformar la manera en que hacemos negocios. En esta parte del libro, abordaremos los desafíos más urgentes que enfrentan las organizaciones hoy en día y cómo podemos convertirlos en oportunidades de éxito.

Comenzaremos con el capítulo **"Puntos de dolor"**, donde exploraremos los problemas más comunes que afectan tanto a los líderes como a los equipos dentro de las organizaciones. A través de una mirada macro y micro, identificaremos cómo estos puntos de dolor pueden afectar la productividad, la motivación y el ambiente laboral. Aprenderás a reconocer los síntomas de los problemas antes de que se conviertan en crisis, y a diseñar estrategias efectivas para abordarlos. Además, veremos cómo transformar estos desafíos en oportunidades de mejora y crecimiento, utilizando herramientas y enfoques prácticos para manejar el cambio de manera efectiva y minimizar su impacto negativo.

Después nos adentraremos a través del capítulo **"Estar a la altura de las circunstancias"** en todos aquellos momentos que hemos de resolver con sumo cuidado para que la experiencia de la persona no sea negativa y rompa su compromiso o vínculo emocional con la organización.

CAPÍTULO 9:
PUNTOS DE DOLOR

¿Qué descubrirás aquí?

- **¿Qué es un punto de dolor?**
- **Los puntos de dolor**
- **Mirada macro**
- **Mirada micro**

Toda organización enfrenta problemas, pero solo aquellas que son capaces de identificarlos y enfrentarlos con valentía logran superarlos y crecer. Los puntos de dolor no son enemigos, son señales de que algo necesita cambiar. En este capítulo, aprenderás a reconocer estos puntos de dolor, a analizarlos desde una perspectiva estratégica y a convertirlos en catalizadores de cambio positivo. Veremos cómo abordar los problemas de raíz, antes de que se conviertan en crisis, y cómo transformar las dificultades en oportunidades de aprendizaje y mejora continua.

No ignores los problemas, abrázalos. Identifica los puntos de dolor de tu organización y conviértelos en trampolines hacia el crecimiento. Porque cada desafío superado es un paso más hacia el éxito sostenible.

¿Qué es un punto de dolor?

La vida son momentos.

Habrás oído muchas veces decir que la felicidad se compone de momentos. Sin duda alguna es así. En la vida hay momentos de todo tipo: buenos, malos y regulares. Es un mosaico que para cada uno de nosotros es diferente. Según el número de piezas que te vayan tocando de cada tipo, podría decirse que la experiencia vital de uno es diferente de la de otro. Si en mi haber, el número de momentos decepcionantes es superior al número de momentos *wow!*, quizá, me replantee mi permanencia en ese lugar, ¿cierto?

Obviamente la vida no es una constante fiesta (¡¿o sí?!) y necesitamos momentos amargos para poder saborear así los dulces, pero prestarle atención a la proporción debería ser algo que sí tuviéramos en cuenta, así como el tratar de proporcionar momentos dulces en la medida de lo posible por una simple y llana razón: los seres humanos respondemos mejor a los estímulos positivos.

Liderar desde el respeto, desde la comprensión del otro, desde el conocimiento de la naturaleza humana nos permite crear lugares amables donde querer estar y crecer.

Estamos en una era en la que crear una marca empleadora tiene mucha importancia y donde se ofrecen y prometen sitios que después no son nada de lo que se había ofertado. Es el conocido *Human washing.*

Necesitamos negocios sostenibles, rentables, que generen riqueza hacia dentro y hacia afuera, que produzcan ingresos, que haya un margen de beneficio lo suficientemente bueno para asegurarnos la sostenibilidad del mismo. Y necesitamos hacerlo, además, de una manera en la que el respeto a las personas que van cada día a lograr que suceda sea la máxima que rige gran parte de las decisiones que se toman. El coste de la salud personal no debería ser un elemento integrante de la ecuación.

Se pueden conseguir resultados de muchas maneras: quemando todos los cartuchos "y ya veremos cómo conseguimos otros después" o explorando nuevos caminos desde el inicio. La "gran renuncia" que se produjo tras la pandemia en EE.UU. y que después también comenzó a sentirse en España hacia el 2022 no es casual. Fue producto del parar, observar y reflexionar. La vida nos paró en seco a todos y nos hizo replantearnos muchas cosas que hasta entonces considerábamos dogmas inquebrantables. En aquel momento algo nos sacudió a todos y aceleró lo que hoy aquí queremos exponer: la necesidad de ser vistos y tratados como personas con identidad, sueños y talentos propios puestos al servicio de un bien que trasciende el propio interés de los que ocupan la cúspide de las organizaciones.

Lo que trato de decirte es que, a cada momento, estamos a una decisión de poder hacer las cosas diferentes sin dejar de mirar el resultado. Estamos a un acto de escucha de hacer que las personas del equipo se sientan mejor, estamos a una conversación de lograr que quien se estaba planteando irse se quede, estamos a una medida de flexibilización de lograr que el equipo esté al 100% en su compromiso.

A cada momento, estamos a un paso de lograr mucho más o a un paso de alejar más a las personas de la compañía. Es como si la brújula que antes uno percibía como un elemento invisible de pronto hubiera cobrado cuerpo y fuera más evidente para todos y costara menos hablar de ella. Una brújula con cuatro puntos cardinales:

- El Norte sería el propósito de aportar al mundo que nos rodea

- El Este sería la generación de ingresos y rentabilidad

- El Sur sería lograr el máximo rendimiento posible

- El Oeste sería el cuidado de las personas de la organización

N: propósito de aportar al
mundo que nos rodea

O: el cuidado de las
personas de la
organización

E: generación de
ingresos y
rentabilidad

S: Lograr el máximo
rendimiento posible

Antes la brújula estaba muy enfocada en el sureste, es decir, se movía en la dirección de la generación de ingresos con el máximo rendimiento posible. Este modelo donde a las personas no se las tiene muy en cuenta más allá de considerarlas meros y reemplazables recursos, de aquí a una década, será totalmente obsoleto. Quizá las generaciones *millennials* y la generación X aún puedan sentir que están en su sitio, pero desde luego, los que van a abanderar el relevo generacional ni se acercarán. Solo lo harán realmente aquellos a los que no les queda más remedio y el clima será bastante tenso, porque no aceptarán sumisamente esas condiciones laborales del siglo pasado.

Si mirásemos la brújula hoy, la brújula que muchos están siguiendo o desean poder seguir es la que mira al noreste y al noroeste. Al noreste en tanto que tiene puesto el rumbo en lograr el propósito y generar riqueza y al noroeste en tanto que tiene ese rumbo en lograr el propósito y cuidar de las personas. Es un movimiento oscilante que sabe moverse en ese constante equilibrio entre la productividad y el respeto por las personas, pero siempre con ese propósito en el norte, sin perderlo de vista.

Ahora déjame que plantee una cuestión, si les preguntara a tus colaboradores hacia dónde apunta la brújula con la que te mueves, ¿hacia qué dirección crees que dirían? No te voy a comprar las justificaciones que normalmente escucho: "Es que mi sector es diferente, es más complicado", "Es que con la gente no se puede hacer las cosas de buenas, porque te toman el pelo", "Aquí siempre lo hemos hecho así y nos ha funcionado" o "Ya me gustaría poder hacer lo que comentas, pero aquí las cosas funcionan diferentes".

Estas son excusas clásicas para evitar un: "No, no estoy haciendo todo lo posible por mejorar la calidad de vida de mis colaboradores, porque supone tiempo y esfuerzo y tengo otras prioridades".

La vida no va de falta de tiempo, va de escala de prioridades

¿Verdad que a ti te gusta que te traten bien, que te cuiden, que te tengan en consideración, que te respeten, que te escuchen, que se tengan en cuenta tus necesidades, opiniones y decisiones? Pues ya está todo dicho. Puede que para ti sea más importante tener retos que el sentirte escuchado. Es posible. También es posible que prefieras obtener mayores ingresos, aunque no escuchen tus necesidades. Está también bien. Pero muchas veces no se trata de ti, se trata de lo que los demás necesitan. Si volvemos a las bases de todo, nos encontraremos que volver a lo más básico siempre es un acierto.

Lo más básico no es el sistema industrializado, lo más básico es mostrar interés en conocer al otro para generar un vínculo, lo básico es nuestra propia naturaleza.

Si quieres equipos conectados, motivados y dispuestos a lograr los retos que se les plantee de la mejor forma posible es momento de que aparques las excusas y comiences a reflexionar sobre cómo resuelves muchas de las situaciones más habituales que se producen en el día a día y que dan lugar a que esa organización en la que te encuentras pueda decirse que se ha "humanizado".

Quizá estés en el punto en el que tú ya estás ahí, pero aún no sepas cómo llevarlo a cabo, que nadie más secunde tu forma de ver y entender las cosas y que tu lucha no sea una batalla interna contigo mismo, porque ya has trabajado bastante toda la parte de autoconocimiento que antes comentamos en el capítulo "Todo empieza en ti", sino externa con los otros mandos directivos. Esto suele pasar bastante en el ámbito de los profesionales que están dentro del área de personas. Se suelen sentir bastante solos en su mensaje y muchas veces la estrategia adaptativa es alinearte con lo que los demás piensan básicamente para no salirte del tiesto y ponerte en el punto de mira.

Mediante los siguientes apartados me gustaría darte argumentos tanto para lidiar con tus propias resistencias como para lidiar con las ajenas.

Se trata de realizar un cambio de mirada sobre las situaciones habituales que se producen en los entornos empresariales.

Para ello te voy a hablar de diferentes momentos.

El momento *wow!* (ya lo explicamos con anterioridad si recuerdas). Es aquel en el que logramos superar las expectativas de las personas.

Los **momentos de la verdad** son aquellos que se refieren a eventos personales que impactan de alguna u otra manera en la vida profesional de la persona.

Y, por último, los momentos **decepcionantes,** de los cuales ya hablamos también, son aquellos en los que uno siente que se le rompe ese "amor" con la compañía y/o con el equipo. Aquí, me pararé a analizarlo desde varias perspectivas.

Los momentos, al final, son los que, gestionados de una manera u otra, marcan la diferencia. Por eso, identificarlos y profundizar en ellos para darles un nuevo enfoque desde una perspectiva más humanista, te puede ayudar a cambiar las cosas. Es la puesta en acción de todas las herramientas que te hemos ido contando y que seguiremos contándote en este libro.

Puntos de dolor

Asumir la responsabilidad de gestionar personas puede resultar muchas veces abrumador. Puede que a veces te embargue una sensación de cansancio mental importante o quizá en ocasiones te gustaría salir corriendo sin mirar atrás. En el día a día no faltan situaciones que provocan esas sensaciones y a esas situaciones que lo provocan, vamos a llamarlas puntos de dolor.

Puntos de dolor..., qué tan variados, subjetivos, livianos, pesados, cruciales, trascendentales, reveladores y transformadores pueden llegar a ser estos. Un punto de dolor es aquello que te quita el sueño por la noche, son esas situaciones que te pesan sobre los hombros y te dejan un eco constante a sabor amargo.

Los puntos de dolor pueden ser interpretados de muchas maneras diferentes, dependiendo de las creencias, expectativas y contexto que cada profesional esté viviendo.

> *Los puntos de dolor no son enemigos, son señales que nos guían hacia el cambio necesario.*

No es lo mismo aquel que ha de desenvolverse en un entorno con una cultura altamente complicada (objeciones ante cualquier iniciativa, rivalidades internas, falta de presupuestos, foco solo en el resultado, etc.) con aquel que se ha de desenvolver en una cultura mucho más amable y orientada a las personas.

Se trata de umbrales por lo que unos puntos de dolor para unos no son "para tanto" y, sin embargo, para otros, sí lo son. Lo que hace que ese umbral tenga un nivel u otro, podríamos decir que está relacionado con lo que uno cree y espera que debiera ser un entorno de trabajo en su capa más superficial.

Si seguimos profundizando a nivel de capas, encontraremos que los puntos de dolor normalmente están relacionados con los valores que cada uno de nosotros llevamos puestos a nuestros trabajos. Si a nivel personal, para mí, es importante la comunicación en el sentido de que las cosas hay que hablarlas, llegar a acuerdos, tener voz y voto en las relaciones que mantengo con otras personas, es algo inherente a mi persona. Si estoy en un entorno profesional donde puedo comunicarme de la forma en que lo hago de manera natural, me sentiré bien, me sentiré integrado. Si, por el contrario, siento que la comunicación es un proceso realmente arduo, porque no se respetan los puntos de vista, no se pide la opinión sino que se imponen las decisiones y no hay espacio para debatir ni negociar las cosas, sentiré que ese no es mi sitio, que algo no encaja.

Y llegados a este punto, pueden comenzar a activarse mecanismos de supervivencia.

"¿Supervivencia? ¡Si solo es trabajo!". Puedes estar pensando esto quizá. Y estoy contigo. Ningún trabajo debería llevarnos al punto de forzar la activación de nuestros mecanismos de supervivencia, pero la realidad se impone a las teorías y muchas personas acaban en un proceso de disonancia cognitiva o dicho de otro modo: se acaban desdoblando; de modo que desconectan de lo que realmente sientan y piensan, desconectan de aquello que les causa dolor para poder seguir permaneciendo en ese contexto en el que se sienten muy a disgusto, dado que necesitan los ingresos para subsistir, o quizá saben que, si renuncian, les será muy complicado encontrar otro trabajo que cubra ciertos aspectos. Esa disonancia permite que ante situaciones que son incómodas, injustas, tiranas, despectivas o desequilibradas, se decida mirar hacia otro lado y seguir "casi" como si nada. Acallamos el sentir.

Quizá por eso, los puntos de dolor que te voy a mencionar ahora no sean tan acusados como al inicio podías sentirlos. Cuando los sostenemos en el tiempo, los acabamos normalizando. Si es así, tu umbral de tolerancia a los mismos ha aumentado a modo de supervivencia y con motivo de la continua exposición. Puede que sea el momento de volver atrás y preguntarle de nuevo a aquel instinto inicial que te quiso avisar qué piensa al respecto.

Dicho esto, déjame decirte algo que quizá no sea tan de tu agrado y es que no somos tan distintos los unos de los otros. Para bien y para mal. Esto ¿es bueno o malo? Ni lo uno ni lo otro, lo que implica es que simplifica mucho las cosas: no nos pasan cosas tan diferentes ni nos duelen o molestan cosas tan distintas. Somos bastante más similares de lo que nos gustaría reconocer de hecho. Si hay una frase que los consultores escuchamos con muchísima frecuencia cuando hablamos con empresas, es: "Es que nosotros somos diferentes". No me equivoco si digo que en el 95% de las empresas en las que he realizado intervenciones, me han trasladado esa inquietud y tampoco me equivoco cuando digo que el 75% de ellas tenían exactamente los mismos puntos de dolor y complejidades.

Por ir entrando en materia, pongamos un ejemplo de punto de dolor: en cuántas ocasiones se producen cambios de roles en los que, sin estar preparada la persona, ha de empezar a encargarse de gestionar un equipo. Esa función suele reducirse la mayoría de las veces a una cuestión operativa y transaccional, es decir: qué trabajo hay que hacer, cómo vamos a repartir las tareas "y si ves que vas muy cargado, avísame y lo vemos".

Bien.

Eso está bien.

Pero no es suficiente.

De hecho, se queda en un insuficiente.

> *Enfrentar los problemas con valentía es el primer paso*
> *para convertirlos en oportunidades.*

Cuando gestionamos equipos, antes de anteponer la faceta operativa y transaccional, hemos de entender de qué están hechos los pilares de cualquier construcción.

Para mí, empezar por la parte operativa y transaccional, es empezar la casa por el tejado y esto, en cuanto empieza a llegar el otoño y el invierno, se hace dolorosamente visible: el frío se cuela por todas las rendijas y el lugar se hace difícilmente habitable. Al inicio, cuando se asume la responsabilidad, todo son buenas intenciones, promesas internas ("Voy a ser un buen líder") y promesas externas para cumplir expectativas ("Voy a sacar lo mejor de vosotros"). Todo es primavera. Como al inicio de cualquier relación, estamos tan emocionados que todo parece sencillo.

Error. No es más que un espejismo con grandes dosis de ineficiencia asegurada.

Lo cierto es que no es más que la primera etapa de composición de cualquier equipo en la que todos están en una fase "diplomática". Si antes de asumir la función y al inicio de la misma la persona recibe nociones, entrenamiento, mentoría y *feedback*, su nivel de confianza va a aumentar y situaciones que serían potencialmente "enquistables" podrá gestionarlas y resolverlas rápidamente y su autopercepción respecto a su habilidad será razonablemente positiva (acallará el síndrome del impostor).

Me gustaría hacer dos tipos de miradas a la hora de traer situaciones con las que quizá te identifiques.

Por un lado, será una mirada macro y, por otro lado, será una mirada micro.

La **mirada macro** es aquella que pone a la persona que ocupa una posición de responsabilidad contra las cuerdas de cara a la

dirección general, el comité de dirección o el consejo de administración, es decir, aguas arriba.

La **mira micro** es aquella que pone el foco para comprender
qué está sucediendo entre pares o con las personas del equipo que
gestiona.

Ambas miradas son relevantes y tienen implicaciones y con-
notaciones diferentes, ya que los intereses y propósitos de unos y
otros suelen ser distintos (¡desalineamiento que da para escribir
un nuevo libro!).

Mirada macro: aguas arriba

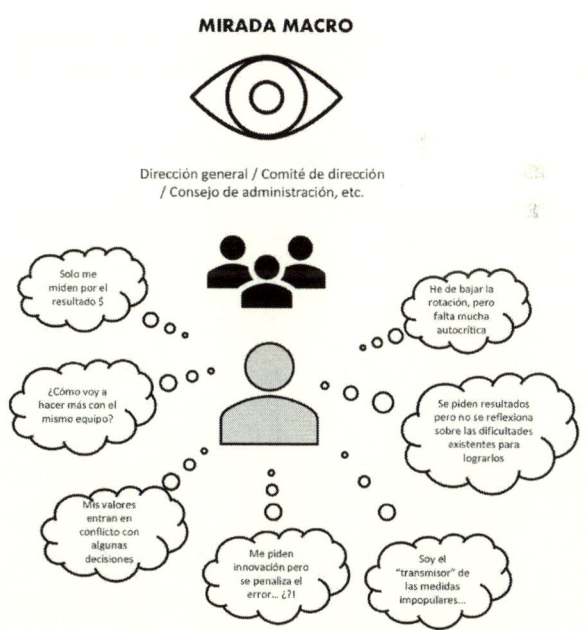

Vamos a entrar en detalle a ver esa mirada a nivel macro:

- Desde la dirección me miden por resultados económicos, pero no me proporcionan recursos para poder hacer mejor las cosas o al menos, de otra manera. Esta situación puede dar lugar a un desgaste a fuego lento. Esta medida impacta en la sostenibilidad a largo plazo de los equipos. Se puede forzar el rendimiento en el corto, pero si queremos equipos estables, hemos de mirar la sostenibilidad en el medio y largo plazo. Esta línea es fina, puede que nos genere cierto conflicto interno el decidir si tendríamos que vivir la situación como un reto o si tendríamos que, por el contrario, decir que, para lograr el reto, debería ser bajo otras circunstancias y plantarnos ahí hasta lograrlo. ¿Reconoces la tensión interna de la que te hablo?

- Desde la dirección esperan que baje la rotación, pero no cambia nada a nivel cultural. Se queda en un objetivo a lograr que, sinceramente, no sé cómo conseguir si no se realizan cambios profundos en muchas de las cosas que impactan en la rotación. Es algo que todos sabemos, pero nadie se atreve a poner el cascabel al gato y, en ese contexto, he de hacer lo que puedo sabiendo que tengo perdida la partida de antemano. Esto me sume en un ligero sentimiento de frustración, porque sabes que tendrás que rendir cuentas sobre algo que escapa a tu voluntad y control en parte.

- Tengo que hacer más con cada vez menos recursos para ello y las personas están sobredimensionadas y esto las lleva a estados de estrés y ansiedad palpables. A veces me es difícil sostener toda esa tensión, porque no encuentro solución en el corto plazo para aliviar la situación. Me siento en mitad de dos corrientes siendo un dique de contención entre ambas a punto de reventar. Para ello tiendo a evitar conversaciones, porque no puedo dar las respuestas que me gustaría y antes de hacer falsas promesas, prefiero evitar la situación.

- Hay una cultura en la que se penaliza al que discrepa o se queja y esto me genera mucho desconcierto, porque se nos exige ser proactivos y hacer aportaciones, pero... la experiencia me ha enseñado que hacerlo tiene un precio mayor que no hacerlo. Es una cuestión de pura supervivencia en la que me encuentro y eso me produce mucho malestar, ya que soy consciente de que me resta como profesional. Podría aportar mucho más de lo que lo hago actualmente. Siento además que la chispa se me apagó y me pregunto si algún día volveré a ser esa persona vibrante que antes era.

- Desde la dirección se nos pide a los responsables que hagamos cambios para ser más competitivos, más ágiles, más innovadores, etc. pero hay un nivel de resistencia interno muy fuerte y a nadie parece importarle, se pasa totalmente por alto este detalle tan importante, es como si no existiera y sin embargo es la fuerza que más inercia tiene a la hora de paralizar cualquier iniciativa de cambio. Se nos supone habilidades suficientes como para saber sortearlo.

- Soy el "chivo expiatorio" en el traspaso de medidas impopulares que vienen desde la dirección... Siento que se lavan las manos y que nos arrojan al frente de batalla sin protección alguna. A mí me gustaría poder hacer las cosas de otra manera, pero veo que no es posible aquí. No se repara en el impacto que se tiene en las personas ni en el efecto *boomerang* de las medidas que se notifican.

- Siento que mis valores personales entran en conflicto con muchas de las decisiones y formas de actuar en la compañía. La integridad para mí es importante, así como también es importante el poder subsistir, por lo que, en ocasiones, siento "que me vendo" y eso me produce un conflicto moral interno importante. Logro acallarlo en ocasiones, pero no siempre…, me gustaría poder sentir más calma interior en este sentido.

- No me siento identificado con el único propósito de ganar dinero, ¡debe haber algo más!

Estos puntos de dolor tienen mucha soledad a su alrededor. La persona que los está viviendo, muchas veces, siente que no puede contarlos a nadie en su organización, porque por su posición no "debería" sentirse ni pensar así.

> *Los desafíos más grandes son también las puertas a los aprendizajes más profundos.*

Mirada micro, a nivel de equipo

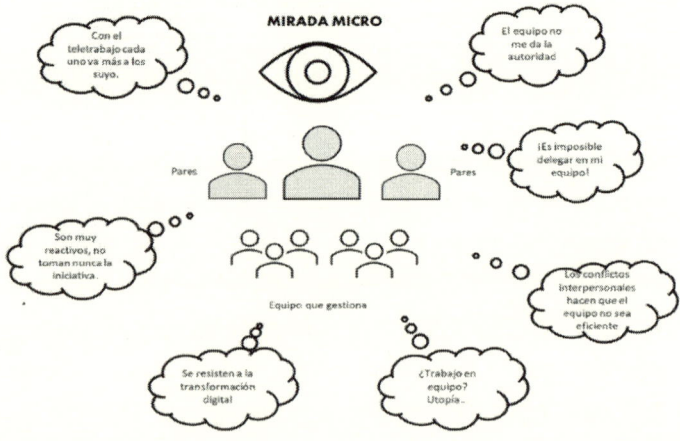

¿Qué situaciones a veces como mánager o responsable pueden generar esos puntos de dolor en lo que se refiere a la relación con el equipo que de él depende?

Veamos alguna de ellas:

- Siento que el equipo no me reconoce la autoridad de la posición que ostento y eso me complica mucho las cosas, porque no responden a las peticiones que hago y, si lo hacen, es después de haber tenido que insistir mucho o incluso haber tenido que usar un estilo coercitivo.

- No logro el compromiso de las personas por más que lo intento y hablo con ellas. Percibo un hermetismo que sé que no es real, porque me llegan comentarios a través de terceros sobre las cosas que pasan dentro de mi área, aunque cuando pregunto yo directamente, nadie me dice nada por lo que no sé qué soluciones aplicar a esa falta de compromiso.

- Me gustaría poder delegar, pero es imposible, porque no puedo fiarme del equipo. Esto hace que me sienta abrumado por la cantidad de trabajo que tengo que asumir y por la imposibilidad de dedicarme a cuestiones menos operativas y más estratégicas. Al final acabo sacando yo grandes cantidades de trabajo que no me correspondería, pero... si no lo hago yo, ¿quién lo hace?

- Los conflictos entre los miembros del equipo nos están restando competitividad y no puedo hacer nada, porque hay "protegidos" y esto siento que está pasando factura al clima dentro de nuestra área.

- Siento una constante tensión entre las quejas y demandas del equipo y la falta de reconocimiento de mis ascendentes. Estoy en medio de ambos mundos y a veces me dan ganas de tirar la toalla; siento mucha impotencia y frustración.

- Gestiono equipos que trabajan en remoto y he podido sentir cómo cada vez están trabajando más de manera individual, se ha perdido el espíritu de equipo que teníamos antes cuando trabajábamos en la oficina y no sé qué más hacer para recuperarlo. Cuando tengo estabilizadas a unas personas, se me desestabilizada todo por otro lado; ¡es la historia de nunca acabar!

- No entiendo a las nuevas generaciones, me cuesta comprender su estilo de trabajar, sus demandas; me confunden porque no sé si es algo generacional o es simple falta de compromiso.

- Mi equipo no termina de adaptarse a la transformación digital y vamos a remolque en comparación con el resto de áreas de la compañía.

- Hay mucha tensión en el ambiente, se percibe falta de compañerismo y por más que trato de decirles que han de ayudarse, no hay manera. Eso hace que el trabajo no sea de la calidad esperada y/o se entregue a tiempo.

- Mi equipo me hace demandas que sé que no van a prosperar más allá del momento en que yo las estoy escuchando, porque desde la dirección, no están abiertos a los temas que ellos me plantean. Esto me hace perder credibilidad ante mi equipo, pero sinceramente… no estoy en disposición de emprender batallas campales con la dirección.

- El equipo de personas que gestiono es muy reactivo, he de andar siempre diciéndoles qué han de hacer y cómo llevarlo a cabo. Me sorprende, porque no son perfiles sin experiencia, al contrario. Me siento el padre / la madre de muchos de ellos.

¿Te sientes reflejado en alguna de estas situaciones? La lista de puntos de dolor puede ser interminable. Cada uno de nosotros tenemos nuestros propios puntos de dolor, algunos seguramente coinciden en el rol de liderar personas o áreas, y otros serán más particulares relacionados con el tipo de cultura y sector en el que te desenvuelves. Cuando el estilo de liderazgo que impera es un estilo muy enfocado al resultado económico, es muy habitual que los mánagers padezcan todos esos puntos de dolor mencionados. No suele hablarse de este tipo de cuestiones, ya que hay un temor generalizado de pérdida de credibilidad si se exponen las propias vulnerabilidades.

Capítulo 10:
Habilidades a desarrollar tras puntos de dolor

¿Qué descubrirás aquí?

- **Punta del iceberg de los puntos de dolor**
- **Causas tras puntos de dolor**

Lo curioso de todo lo visto en el capítulo anterior es que, precisamente, es ese estilo de liderazgo imperante el que hace que prevalezcan esas formas disfuncionales de gestionar y de abordar las dificultades. Perpetúa comportamientos no resolutivos y condena a la eternidad los conflictos existentes.

Punta del iceberg de los puntos de dolor

Déjame que te cuente algunas historias de personas reales sobre puntos de dolor.

Esta es la historia de Julio, un mando intermedio con un equipo de 30 personas a su cargo. Cada año, la dirección le marca una serie de objetivos que debe alcanzar. Año tras año, los objetivos se van volviendo más ambiciosos, según el resultado alcanzado el año anterior. Según se va acercando la fecha en la que han de mantener esa conversación de fijación de objetivos, el descanso nocturno de Julio se va empezando a resentir. Los temores de todos los años empiezan a asomar: ¿y si este año lo que me piden es inalcanzable? ¿y si no lo logro? Lo que logré el año anterior no creo que pueda volver a repetirse…

Este pensamiento es el que se va colando cada noche en los sueños de Julio haciendo que, a mitad de la noche, se despierte sobresaltado. La ansiedad está ahí y él la va notando de muchas formas: malhumor, poca paciencia, baja tolerancia y trata de evitar al equipo. Trata de evitarles, porque no se siente cómodo. Sabe que para él lograr los objetivos que le han marcado va a tener que tensionar otra vez al equipo. Es otra vuelta de tuerca, es llevarles varios pasos más allá sabiendo que ya están agotados y sobrecargados. Aquello le producía un gran sentimiento de culpa y, por eso, prefería no estar disponible. Si no los veía, si no les preguntaba, no les daba opción a que le contestaran y esa era la única forma que encontraba de evitar acrecentar su malestar.

En una de las tantas conversaciones que manteníamos, surgió este tema.

- Me siento mal por no estar dando la talla con el equipo. Me escondo y sé que no debería hacerlo, pero la situación siento que hay días que me sobrepasa.

Tras varios minutos de conversación, comenzamos a hablar del liderazgo situacional. Le pregunté si el grado de madurez de los colaboradores era bajo (grado de madurez a nivel de conocimiento técnico). Me dijo que no, que ya tenían buen nivel, que eran perfiles *seniors* la mayoría y que podían andar solos a poco que se les explicara. Indagando, Julio me reconoció que el estilo con el que él se sentía cómodo gestionando era con un estilo paternalista, un estilo, en su caso, en el que él le iba dando la mano a la persona y no se la soltaba para evitar la caída.

La cuestión es: ¿qué caída?, ¿cómo de positivo era que evitara que se cayeran o que fallaran? Muchas personas podrían pensar que, en una cultura del miedo, eso es lo que suele pasar, pero no era el caso precisamente. Y aquí toco el extremo contrario. Muchas veces se puede llegar a confundir el humanismo con el buenismo. El humanismo es mimar a la persona, es retar a la persona, es llevarla a sitios donde no creía que fuera capaz de llegar. No es evitar ponerla en situaciones complicadas. No es hacer el trabajo por ella para que no se queme. No es llevarla siempre de la mano por si acaso. No es ser complaciente hacia los demás.

Un buen liderazgo arroja a las personas a los rincones de sus recónditas posibilidades. No las arroja sin más o desapareciendo. Las arroja porque sabe que allí tienen un sitio al que llegar. Utilizo la palabra arrojar, porque la mayoría de las veces hay una resistencia en ese proceso y es mediante esa inyección de energía y pasión que proporciona ese líder que se genera esa percepción de "arrojar".

Arrojar hacia lo alto, hacia nuevas miradas, hacia nuevos horizontes. Horizontes más ambiciosos y amplios. Arrojar proporcionando una red de seguridad, palabras alentadoras y reconocimiento por el camino.

Lo que venía siendo el punto de dolor real de Julio no era otra cosa que su dificultad para darse cuenta de que no estaba arrojando a la gente. Que no les estaba permitiendo crecer. Su interpretación de lo que estaba sucediendo era lo que creó su propio punto de dolor.

"Si voy soltando la mano… ¿para qué me van a necesitar entonces a mí?".

Toda una declaración. De las declaraciones más valientes y honestas que he escuchado en todos estos años.

Ese punto de dolor iba en aumento hasta que fue nombrado y reconocido. En el momento en que Julio lo dijo en voz alta, se produjo una liberación. Esa aceptación le abrió la posibilidad de poder emprender nuevos caminos para comenzar a trabajar en una dirección que ahora veía clara. El punto de dolor estaba en su ego, en la resistencia de este a dejar de ser imprescindible. Tan sencillo y tan difícil.

> *Cada crisis que superas te prepara para enfrentar la*
> *siguiente con mayor fortaleza y sabiduría.*

Detrás de muchos puntos de dolor hay situaciones no reconocidas que tienen que ver más con nosotros mismos que con lo que está pasando en sí mismo. Me refiero a que en ocasiones podemos estar proyectando lo que está en nosotros (una herida, una carencia, una mala experiencia, un anhelo, etc.), ¿puede que alguno de tus puntos de dolor vaya por ahí? Por eso, el autoconocimiento y la gestión emocional son tan importantes, ya que son la puerta de entrada al mundo de la comprensión del origen del dolor o resistencia.

Tener sesiones de *coaching* o sesiones de *mentoring* internamente es muy útil para detectar qué se esconde detrás de un punto de dolor. A veces acaba dando la cara ese conflicto interno con uno mismo, lo cual no es garantía de que vaya a solucionarse de manera rápida y sencilla, pero al menos sí permite reajustar la realidad en la que uno está viviendo y verla con otros ojos y liberarse incluso de ese dolor.

Ejercicio:

Me gustaría que nos pusiéramos en un escenario diferente ahora. Un escenario en el que pudieras sentirte totalmente libre para diseñar el tipo de entorno en el que te gustaría estar trabajando.

¿Cómo sería?

214

¿Qué tendría de diferente respecto a lo que tienes ahora?

....

¿Cuánto de lo que has pensado está fuera de ti, es decir, depende de otros?

....

¿Y cuánto depende de ti?

....

¿Quieres que lo adivine?... La autocrítica es una de las cosas que necesitamos hacer cuando estamos frente a un punto de dolor. No es que nosotros lo hayamos generado, lo que tenemos que ver es cuánto hemos contribuido a que aquella situación se haya mantenido en el tiempo. No te hago responsable de las cosas que suceden a tu alrededor. Pero sí apelo a tu sentido de responsabilidad respecto al sostenimiento e inacción cuando estás ante ellas. Cuando una situación persiste muchas veces es porque en el fondo hay una ganancia oculta tras ello o porque quizá hay una falta de habilidad que la situación requiere poner de manifiesto para gestionarla (¡dicho con todo el cariño y sabiendo que todos tenemos mucho que aprender y mejorar!)

Causas tras puntos de dolor

Me gustaría que, ahora, observáramos esos puntos de dolor desde otro lugar diferente. Ya hemos llevado la mirada a los lugares donde el dolor está irradiando. Ahora nos faltaría localizar el origen del dolor; se trataría de no quedarnos en tratar los síntomas sin haber determinado la causa que los provoca antes.

Entre las muchas razones que puede haber, quiero traer algunas que me parecen bastante comunes y representativas y que, no por comunes, son menos importantes y necesario atender. Cuando hablo de causas, me refiero a habilidades que quizá falta que desarrollemos más para poder hacer frente de manera más eficaz a las situaciones que estamos viviendo como dolorosas.

Comunicación eficaz: la falta de claridad y consistencia en nuestra forma de comunicar puede llevarnos a conflictos y malentendidos con los otros. Adoptar canales alternativos o adicionales puede ser una solución de primer nivel y trabajar en técnicas de comunicación asertiva, sin duda, siempre es un plus. Nos suele costar mantener conversaciones difíciles, tendemos a evitarlas o bien tendemos a la confrontación y ninguno de ambos extremos son eficaces dando lugar a situaciones que pueden convertirse en nuestro punto de dolor. Si mejorásemos la comunicación en muchas de esas situaciones que nos producen ese dolor de cabeza, seguramente la tensión se reduciría. Muchas veces pregunto si se ha hablado del asunto y la respuesta es sí. La cuestión es cómo se ha hablado del asunto. "Lo he dejado caer", "Exploté porque ya no podía más", "Directamente no, pero seguro que entendió lo que quise decir". ¿Te resuena alguna de esas frases? Esto realmente no es comunicación, vamos, que esto y nada es lo mismo. O somos eficaces en nuestra comunicación o estamos dejando un espacio tan grande a la interpretación que eso es lo que va a suceder con total seguridad.

Gestión del cambio: esta es una de esas habilidades transversales (sobre la que ya hablamos en capítulos anteriores) que deben convivir con nosotros durante toda nuestra vida profesional, ya que el entorno cambia a una velocidad que necesitamos tener esa capacidad suficiente de reacción. El no hacerlo, el ser resistentes a los cambios puede hacer que estemos negando la realidad de lo que a nuestro alrededor esté ocurriendo y que estemos provocando un desajuste importante. La resistencia al cambio anula la escucha activa, anula la proactividad, anula la innovación, anula el crecimiento, ya que implica salir a explorar zonas nuevas propias y ajenas. Si percibes en ti que puede haber cierta resistencia, has de ponerte cuanto antes manos a la obra y trabajarlo. Si es en tu equipo donde lo has percibido, proporciona métodos para involucrar al equipo en procesos de cambio, creando un sentido de propiedad y aceptación.

Manejo de conflictos: la gestión de conflictos suele ser la gran asignatura pendiente de la mayoría de las personas con las que me he topado en mi vida profesional. Bien por tener un estilo que es demasiado directo y confrontador o bien porque tienen un estilo evitativo. Sobre los Power Point es muy sencillo plasmar la importancia de esta habilidad y el estilo ideal que cualquier líder debería tener según la circunstancia a resolver. Pero luego viene la vida y te trae muchas situaciones que hacen que, en el momento, todo lo aprendido en la teoría se esfume. Llevamos demasiado arraigadas nuestras creencias que se interponen una y otra vez entre lo que queremos hacer y lo que finalmente acabamos haciendo. Por eso, antes de aprender técnicas de gestión de conflictos, para mí es muy interesante indagar en la forma en que la persona concibe el término conflicto: si lo ve como algo negativo o si lo ve como algo positivo. Negativo porque te quita cosas y supone una pérdida o positivo en tanto que te proporciona la oportunidad de incorporar cosas que antes no estaban. ¿Cuál es tu relación con el mismo? Déjame recordarte algo: todo conflicto que evites hoy vendrá de vuelta incrementado mañana. No necesariamente de la misma forma, porque el no afrontarlo adecuadamente tiene sus consecuencias, por lo que te encontrarás que en realidad no evitaste nada, solo lo pospusiste. No puedes pasarte la vida evitando conflictos, ya que seguramente esto esté suponiendo estar renunciando a hacerte cargo de parte de tus necesidades y eso, querido lector, no es gratis. Se paga un precio por ello.

Cuando hacemos el trabajo de analizar el conflicto como una oportunidad de crecimiento, acercamiento y ganancia, podemos elaborar discursos interiores más favorables y de ahí surgen estrategias para abordarlo más positivamente. Nuestro lenguaje corporal también será diferente.

Esta habilidad es algo que los equipos te van a agradecer profundamente, porque los conflictos no resueltos suelen ser una de las causas de rotación en las organizaciones. No tiene por qué existir una enemistad ni rivalidad. Conflictos relativos a la sensación de injusticia por el reparto del trabajo, conflictos relativos a la percepción de no estar cobrando lo suficiente, conflictos relativos a creer que nunca se da la oportunidad de estar en proyectos interesantes, por ejemplo. Lo que para ti no es un conflicto, para otro sí lo puede estar siendo. Si tú aprendes a abordar las situaciones que vives como conflictivas de manera positiva, tener conversaciones donde las personas expongan esas inquietudes, no te resultará embarazoso, sino que lo sentirás como la forma de poder llegar a buen puerto con tu equipo.

Gestión del rendimiento del equipo: saber encontrar la forma adecuada de valorar el rendimiento de cada una de las personas y darles un feedback frecuente de calidad respecto a cómo está haciendo las cosas. Fijar adecuadamente los objetivos, reenfocar durante el camino para acercarlos más al logro es una habilidad muy valorada por las personas y que de seguro contribuye a que logren los resultados de la mejor manera posible. Hay sistemas tradicionales como la evaluación 360º o 180º; sin embargo, este sistema, que es cómodo para la figura del mánager, no es efectivo para el colaborador, ya que se tiende a evaluar más una foto fija que una evolución constante de la persona, dado que se realizan con carácter anual. Hacer una evaluación continua es mucho más eficiente para todos. Evaluación no es examen. Es preguntar: "¿Cómo vas?", "¿Dónde encuentras tus mayores dificultades?", "¿Cómo puedo contribuir a aumentar tu éxito?", ¿Qué necesitas de ti que no estás obteniendo?", "He podido observar en ti un avance en…" o "He podido observar las áreas en las que podrías introducir mejoras".

Gestión del talento: nada peor que tener un equipo de personas talentosas y ¡no verlo o no saber qué hacer con ellas! En demasiadas ocasiones se puede observar cómo se contrata a alguien por su conocimiento y experiencia y después las oportunidades que se le dan para brillar son mínimas, pidiéndole que se limite a hacer lo que se le establece dejándole poco espacio para que la luz que traía consigo brille. La visión estratégica que esa persona podía aportar se deja aparcada para otra ocasión en la que haya menos trabajo y las cuestiones operativas no lo ocupen todo. En la mayoría de las ocasiones, ese tiempo nunca llega a existir, ya que se prioriza lo urgente y no lo importante. Hablar de talento es hablar de lo importante y las agendas es ahí donde suelen fallar. Se llenan de incendios que apagar y la gestión estratégica de personas pasa a segundo plano hasta que ese segundo plano dice: "Ey, ¡hasta luego!".

Hay que llenar las agendas de huecos para hablar con las personas y ver dónde está cada una y cuál es el camino que se ha de comenzar a trazar para que haya una relación profesionalmente satisfactoria para la persona y para la productividad de la empresa.

Equilibrio entre vida laboral y personal: la falta de equilibrio puede llevar al agotamiento. Es algo que cada vez veo con más frecuencia. Antes había un ambiente de trabajo donde se fomentaba el famoso presencialismo y parecía que vivir para trabajar fuera lo equivalente al éxito. Ahora, las cosas han cambiado. No solo porque exista un protocolo de desconexión digital que trata de asentar esas bases para separar vida laboral y vida personal, sino que son las propias personas las que están poniendo límites en tanto que valoran su tiempo libre y comprenden que es necesario para ellas tener esa parcela bien delimitada. Ofrecer políticas de trabajo flexibles, organizar programas de bienestar (con charlas de expertos sobre nutrición, deporte y salud mental) e incluso ofrecer apoyo psicológico a aquellos colaboradores que lo necesiten en algún momento concreto o descuentos para poder asistir a gimnasios o tener fisios en la oficina para mejorar las clásicas contracturas que pueden producirse en trabajos más sedentarios y con alto nivel de estrés. Son pequeñas iniciativas que hacen sentir a las personas que se las está cuidando. Siempre, claro está, que lo más básico (un salario acorde a su función y responsabilidad, una carga de trabajo balanceada y un ambiente respetuoso) esté presente.

Toma de decisiones y gestión de riesgos:

El no tomar una decisión a tiempo, es una forma de decisión. En ocasiones podemos tender a evitar la confrontación y mirar hacia otro lado para evitar abordar una conversión incómoda. Eso da lugar a que se acumulen las conversaciones pendientes. Quizá tú no la sientas como pendiente, ni que las personas de tu equipo sí pueden estar viviéndolo de ese modo. ¿Cómo se ven las cosas desde su óptica?

Es fácil caer en una narrativa autojustificativa que nos trate de excusar respecto a por qué no he tomado ninguna decisión. Pero en el fondo de ti sabes que, cada vez que no te haces cargo, que no decides, que no haces algo al respecto, va a tener un precio.

Normalmente los riesgos potenciales que pueden aparecer en cualquier proceso de trabajo suelen ser fácilmente identificables, porque suceden con cierta frecuencia; la suficiente frecuencia como para poder diseñar un plan de contingencia y un plan de mitigación para paliarlo cuando aparezca.

Te invito a hacer ese ejercicio de análisis y que hagas un listado ahora de todas aquellas situaciones que dan lugar a errores, problemas, desviaciones, conflictos, etc. y que pienses cómo serían las cosas si te anticiparas a ello o si ejecutaras acciones diferentes de las que normalmente haces.

Tener determinación, mirar hacia delante y atreverse son cualidades propias del liderazgo. Y este proceso lo puedes realizar con el nivel de participación que estimes oportuno según la cultura empresarial de la que formes parte. Para mejorar estas habilidades, es esencial utilizar métodos como el análisis de escenarios, árboles de decisión, heurísticas y reglas de oro, evaluación de riesgos y el método Delphi. Estos enfoques o metodologías permiten anticipar diversos resultados, visualizar las consecuencias de las decisiones, simplificar el proceso y aprovechar el conocimiento colectivo, lo cual hace que las decisiones puedan ser tomadas de manera más informada y efectiva, previsiblemente. Vamos a ver a continuación qué podemos hacer para evitar "que se rompa el amor" dentro de las organizaciones.

Capítulo 11:
Estar a la altura
de las circunstancias

¿Qué descubrirás aquí?

- **Momentos de la verdad**
- **Soluciones y acciones**

Hablamos largo y tendido de los momentos decepcionantes desde la perspectiva del mánager.

Para hablar de esos momentos decepcionantes desde la perspectiva del equipo, he preferido hacerlo en este apartado, el de los momentos de la verdad. Se trata de saber cuándo hay que estar a la altura de las circunstancias.

Momentos de la verdad

"En ese momento era *assistant*. La dirección del área estaba vacante y durante un tiempo estuve asumiendo junto a una compañera de otra área varias funciones. Cuando se incorporó la nueva directora, el director de la empresa dio las gracias públicamente por el esfuerzo a la otra persona y a mí no me nombró. Al salir de la reunión todos los compañeros se acercaron a mí y el director me llamó a su despacho y se disculpó. Me sentí tan invisible que fue cuando decidí que tenía que marcharme de allí".

223

Hablar de momentos de la verdad es poner las cartas boca arriba. Es desvelar si aquello que hemos venido predicando era genuino o era una estrategia de lavado de cara hacia el exterior; el conocido como *human washing* que antes mencioné. Es el momento en el que las personas van a sentir si tú estás con ellas o no.

Son en esos momentos, los momentos de la verdad, cuando uno se juega realmente la fidelización de las personas.

Si seguimos el ciclo de vida de un empleado, es relativamente fácil intuir dónde se van a producir esos momentos decepcionantes:

La persona se incorpora y, el primer día, se encuentra que nada es como había imaginado: falta organización, no tiene acompañamiento, percibe de entrada un ambiente tenso, no ve claridad en lo que se espera del mismo y esto no va mejorando con el paso de los días.

Pongamos que la primera etapa la hemos superado habiendo hecho una gran acogida, teniendo bien planificada su agenda inicial, habiéndole asignado una persona para acompañarle en el proceso de adaptación y habiéndole presentado al equipo del que va a formar parte. Si realmente queremos crear lugares humanizados, hay que ponerse en la piel de la persona que entre en nuestra compañía y entender que va a necesitar un cierto acompañamiento para ganar soltura. Lo siguiente que la persona va a esperar es que se produzca un ajuste en las expectativas de crecimiento y desarrollo. En la entrevista seguramente se le explicó que tendría la oportunidad de crecer y que tendría medios para ello. ¿Realmente está siendo así? ¿Está teniendo la posibilidad de poder hablar de ello, de levantar la mano si no se produce? ¿La cultura lo permite?

Pongamos que sí, que hay ese espacio para que se produzca, que la persona está teniendo *feedback* frecuente sobre su desempeño, que siente que su trabajo es tenido en cuenta, que está siendo tenido en cuenta como profesional y que alguien está velando por que vaya teniendo un avance positivo.

Este avance ha de alimentarse con más elementos que pueden ir en la línea de participar en diferentes programas de capacitación o, incluso, en la posibilidad de experimentar en otras posiciones dentro de la propia compañía. En algunas empresas fomentan que las personas roten cada 4 años en su posición para lograr una visión más transversal del negocio. Si no hacemos un esfuerzo por escuchar a la persona, por tener una conversación sobre su recorrido en el medio plazo y pactar qué necesita para llegar ahí, puede que empiece a sentirse a la deriva y poco conforme con su situación.

En medio de toda esta danza de acontecimientos, está la parte salarial: la petición de un aumento… es otro gran momento de la verdad. Son conversaciones que muchas veces se abordan sin haber sido bien preparadas. Como cualquier negociación, hay que prepararla, porque aquí, nos guste o no, la parte económica tiene un peso significativo para muchas personas y no gestionar bien las expectativas por falta de preparación va a tener un impacto negativo difícil de borrar.

Otro momento de la verdad en la *journey* de las personas es cuando levanta la mano, porque tiene una elevada carga de trabajo, o tiene un conflicto con un cliente, con un compañero o con otra persona de la organización. Si alguien nos hace saber que se encuentra mal a nivel relacional, nos está pidiendo ayuda para abordar la situación. Mirar hacia otro lado, decirle a la persona que lo resuelva por sus medios o, peor aún, decir que vas a hacer algo y no hacer nada o incluso penalizar a la persona por haber destapado una situación tóxica hace que la lealtad se rompa en ese momento, porque la confianza que tenía depositada en ti simplemente ha desaparecido.

Más momentos de la verdad podrían ser aquellos relacionados con todo lo que afecta una gestión del cambio. Por mi experiencia como consultora, he podido vivir muchos procesos de transformación y siempre he podido ver en la mirada de las personas la necesidad de comprender lo que está pasando a su alrededor. Cuando se encuentran con la ausencia de comunicación, con conversaciones a puerta cerrada y con evasivas en las respuestas, esa relación no suele acabar bien; lo ideal es involucrar a la gente, permitirle un espacio para que pregunte sus dudas y traslade sus inquietudes, comunicar, comunicar y entonces después comunicar clarificando los roles y responsabilidades.

Estos supuestos son algunos de los que suelen producirse de manera más habitual y para los que normalmente solemos estar más preparados, porque están dentro del "marco profesional", aunque lo cierto es que en muchas ocasiones se resuelven pensando qué es lo mejor para el negocio. Este enfoque de resolución es cortoplacista por la huella que deja en las personas no estar a la altura de las circunstancias. Hay que tratar de equilibrar el enfoque a negocio con un enfoque más humanista en tanto que al final se ha de valorar las necesidades de las personas para tratar de cubrirlas en un principio básico de reciprocidad considerando que las personas cubren las necesidades de la organización. Es un equilibrio para que el sistema funcione, un equilibrio para que el sistema pueda ser generativo desde una perspectiva más amplia en términos de contribución y no solo de generación.

Además de los anteriores, hay otros muchísimos eventos que están fuera del marco profesional y que son los que vienen a impactar de pleno en la lealtad que antes comenté.

A continuación, verás una imagen con una muestra representativa de algunos de esos momentos de la verdad. Momentos con alta imprimación emocional para quien los está viviendo:

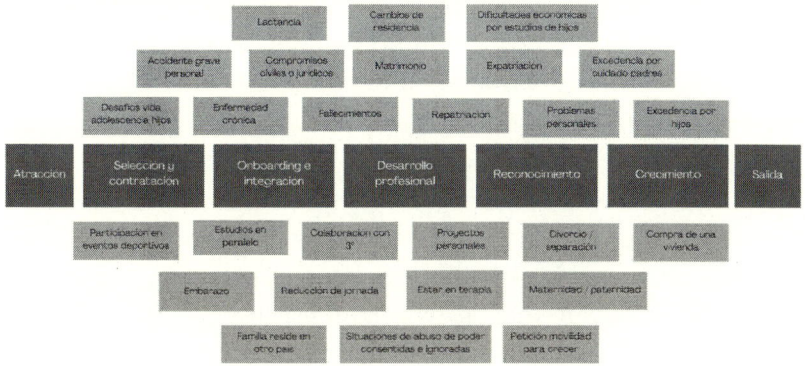

No sirve de nada que organices el mejor *team building* con tu equipo si, llegado uno de esos momentos de la verdad, no estás a la altura de las circunstancias. Ya puedes tener la mejor de las certificaciones como mejor lugar para trabajar que si esos momentos de la verdad no los resuelves adecuadamente, no dejará de ser un título más que colgar junto al de valores en la sala de juntas.

Si lo extrapolamos a la vida personal, sería ese momento en el que descubres quién está realmente contigo a las duras y a las maduras cuando las cosas se ponen feas. Amigos "de copas" o amigos "de verdad".

Un colega de la generación *boomer* me contó que la razón por la que dejó una carrera en pleno ascenso al inicio de los años 90, en una conocida compañía, en el área financiera, fue por uno de esos momentos de la verdad: su madre falleció y prácticamente nadie le dio el pésame y menos aún asistió alguien de su entorno profesional cercano al entierro. Había demasiado trabajo que atender y las cuestiones "sentimentales" estaban fuera de lugar. Aquello le produjo una profunda decepción. Esto lo podemos contextualizar todo lo que queramos: eran otros tiempos, había una cultura en la que lo personal no tenía cabida, había un gran enfoque a solo trabajo, etc.

Lo cierto es que, al final, en esos momentos, lo racional no nos sirve, nos quedamos con lo que nuestro estómago o nuestro corazón ha sentido. Nos quedamos con lo que sucedió en aquel momento de la verdad, porque ahí es donde debe haber esa calidad y calidez humana que arrope al otro, aunque sea con unas simples palabras amables.

Y momentos así son muchos los que se producen. Saber identificarlos, saber gestionarlos, saber estar a la altura de las expectativas debería ser algo que brotara naturalmente.

Me gustaría compartir contigo situaciones que me han llegado en muchas de las sesiones que he realizado con personas. Son situaciones que las han llevado a una desconexión con el proyecto de compañía, de división, de equipo.

Cambiaré todos los nombres y en ocasiones el género para no comprometer a nadie.

Sara decidió pedir una excedencia por cuidado de hijos. Ella trabajaba y vivía a 700 km de distancia de donde estaba su núcleo familiar. La idea de tener que dejar a su bebé en guardería y después que lo cuidara otra persona hasta que ella llegara a casa era algo que la abrumaba, por lo que decidió solicitar una excedencia. En aquella reunión con su responsable donde le comunicaba su deseo de coger la excedencia, lo que él le dijo fue: "Sabes que acabas de terminar con tu carrera profesional, ¿verdad?". Ella, antes del embarazo, le había dedicado todo su tiempo a aquella empresa y escuchar esa frase, en lugar de escuchar un "lo entiendo, tómate tu tiempo, aquí te estaremos esperando", fue un gran jarro de agua fría…

Rocío estaba muy afectada por el fallecimiento de su madre. Habían transcurrido varios meses y los había pasado de baja por depresión. Era una persona joven y su vida había sido bastante difícil. Cuando falleció su madre, se llevó consigo cualquier vínculo que pudiera tener a nivel familiar. Ella era una profesional muy dedicada y siempre superaba toda expectativa en su desempeño. Sin embargo, cuando se incorporó, su rendimiento era bastante bajo: la medicación para tratar la depresión le afectaba al sistema nervioso y no le permitía ser como ella era cuando estaba al 100%. Estaba sufriendo mucho en lo personal por la pérdida y en lo profesional por no estar a la altura. Rocío, lo único que hubiera necesitado era una llamada de alguien de su entorno profesional diciéndole: "¿Cómo estás? Debe ser duro lo que estás atravesando, hablemos, te escucho, somos un equipo".

Estoy segura de que los responsables de Rocío lo pensaban y sentían así, solo que eso no es suficiente, es necesario además demostrarlo, mostrar humanidad, compasión y afecto.

Todos necesitamos sentirnos validados. Unos somos más conscientes de ello que otros, eso es todo, pero la aceptación y la aprobación ajena son una necesidad que vive en nuestro interior y, dependiendo del momento vital en el que nos encontremos, esa necesidad será más intensa y crítica.

Soluciones y acciones

Son muchos los momentos de la verdad que pueden producirse. Me gustaría que les dedicáramos un momento, porque, si bien recoger todos es casi imposible, sí puedo traerte una muestra representativa de los más comunes (y en los que más habitualmente se "mete la pata" a la hora de resolverlos) acompañados de una propuesta de resolución favorable para todas las partes cuando esté frente a ti ese momento, todo ello basado en conversaciones mantenidas con las personas que lo vivieron:

Embarazo

He sido testigo en varias ocasiones de cómo, al comunicarse un embarazo, el mánager o responsable al que se le comunica, su primera reacción es preguntar: "¿Y cuándo vas a darte de baja?" o "Pues a ver cómo nos apañamos ahora", así, sin rodeos, carente de tacto, desde la falta de empatía absoluta y sin un "enhorabuena" por delante...

Es cierto que hay que organizarse, es cierto que hay que saber las intenciones de la persona. Por supuesto. Pero, y con mayúsculas ese PERO, no es necesario que sea tu primera respuesta.

Es tan sencillo como un: "Vaya, ¡enhorabuena! Me alegro mucho por ti, es una gran noticia y un momento importante en tu vida. Te deseo todo lo mejor. A lo largo de esta semana ¿te parece si nos agendamos un hueco para hablar de qué planes tienes y cómo vamos a organizarnos a partir de ahora para que la transición hasta que cojas la baja sea lo más fácil posible para todos? Y dicho todo esto, ¿qué tal te encuentras?".

Con esta respuesta logras mostrar esa humanidad que la situación requiere... La persona ¡va a ser padre o madre! Es decir, es uno de los momentos más importantes de su vida y según contestes, lograrás estar a la altura de las circunstancias... o no. Tu reacción te anticipo que va a estar siendo analizada con lupa.

La respuesta que te propongo no elude la parte del impacto en la productividad, simplemente no se pone como si fuera el único elemento de la ecuación o el más importante, es un elemento más a abordar con naturalidad y sin generar sentimientos de culpa, temor o rechazo en la persona.

Maternidad / Paternidad

Cuando se produce ese momento, esa madre o padre siente el mayor orgullo de su bebé recién llegado al mundo.

Y no solo eso, hay un proceso biológico natural que se desencadena, que hace que ese padre o madre quiera cuidar de ese bebé que ha traído al mundo. Parece una obviedad, pero es algo que muchos responsables parecen olvidar, ya que es fácil ver cómo empiezan a presionar al poco tiempo con el retorno al puesto de trabajo.

Sonia era una fiel trabajadora del área de administración que cumplía siempre con sus obligaciones, era muy entregada. Por la naturaleza de sus funciones y por la posibilidad de estar teletrabajando, aguantó sin causar baja hasta el mismo día que dio a luz. A las dos semanas, ya recibió el primer WhatsApp de su responsable preguntándole varias dudas sobre el trabajo. Bueno, bien, podría ser razonable por considerarse una consulta aislada. Sonia contestó, porque sentía que era algo que debía hacer pese a estar en su periodo de baja maternal y estar aún recuperándose de la cesárea y estar haciéndose a las nuevas rutinas de su vida. La cuestión es que, tras ese primer WhatsApp, empezó a recibir más, siempre con un tono de urgencia y gravedad que comenzaron a despertar en ella un sentimiento de culpa y un ligero temor del tipo: "Si no respondo... ¿me despedirán cuando vuelva?, ¿dejarán de valorarme como antes lo hacían?". Así que Sonia comenzó a desplazar los momentos que debía estar compartiendo con su bebé para abrir de nuevo el ordenador y ponerse a trabajar... Quien ha tenido un bebé sabe que esta situación muchas veces es muy difícil, ya que los bebés no necesariamente están durmiendo todo el día, sino que pueden ser muy demandantes y el periodo de adaptación que la naturaleza nos pide tener es por algo. Sonia sintió que se interrumpió algo en su proceso; quería poner un límite, pero no se atrevía. Esto también le pasó factura con su pareja y padre del niño, ya que él le decía que debía ponerse en su sitio y tratar de defender ese permiso por el bien de ella y del niño. Lo que debía haber sido un periodo de luna de miel se convirtió en una etapa de muchísimo estrés agravado por el ajuste hormonal de Sonia. Las frases de su responsable durante el embarazo, las que dejaba caer del tipo "Yo no pude permitirme la baja por maternidad" ahora cobraban sentido.

Sonia se reincorporó y lo primero que tuvo que escuchar ese día fue un: "Si estás pensando en pedirte una reducción de jornada, déjame decirte que aquí no nos podemos permitir esas cosas" y con ello, terminó de quedarle claro, por si había alguna duda, el tipo de persona y organización con la que estaba tratando.

Esta situación es muy común, está muy normalizado ese asalto a las personas en momentos que deberíamos respetar, porque son procesos vitales que ocurren muy pocas veces en la vida y que todo ser humano tiene derecho a vivirlos.

Hay mucha escuela aún del: "Si yo no pude, tú tampoco. Si yo no lo tuve, tú tampoco. Si yo sufrí, tú también sufrirás. Así es como se aprende".

Esta forma de pensar nos lleva a procesos que se enquistan. Si ponemos nuestra vivencia como la referencia para que las cosas tengan que suceder de esa manera, que sea porque es algo nutricio y positivo, no precisamente para que sea desde la carencia, porque desde esa carencia es difícil que las personas estén dispuestas a dar su mejor rendimiento.

He de añadir que el no estar a la altura de este momento no solo pasa con las mujeres. También sucede con los hombres y su baja por paternidad… Al ser una medida relativamente reciente aún hay mucha resistencia en muchos sectores de actividad a que se lleve a cabo. Si es a la madre y no siempre se respeta, al padre aún menos.

Lactancia

La lactancia es un momento delicado cuando la madre se re-incorpora al puesto de trabajo y sigue amamantando a su bebé. A nivel físico, para la madre, dado que las subidas de leche son frecuentes, pueden producir malestar y situaciones embarazosas incluso en ocasiones. Favorecer a la madre que pueda o bien extraerse la leche en un lugar confortable y disponer de agua adicional para ayudar a su rehidratación o acordar mayor flexibilidad en lo relativo a la presencialidad en la medida que el tipo de trabajo lo permita (jornada semipresencial) no es un "favor", es acompañar a la persona en un momento en el que físicamente su cuerpo requiere una atención especial.

Sandra vivió una situación innecesaria en una reunión de trabajo. Hacía tres semanas que se había incorporado tras la baja y seguía manteniendo la lactancia materna, porque era su deseo como madre. En su compañía no había ninguna política sobre esta materia, era lo que establecía la ley y punto. Ella había trasladado una petición a recursos humanos para que habilitaran una sala o un lugar que no fuera el baño para realizar la extracción y bastó un día para tener un simple y escueto: "A su petición de disponer de un lugar para realizar la extracción, hemos de comunicarle que no es posible por las características de nuestras instalaciones a día de hoy".

Sandra comentó perpleja esta situación con algunos compañeros y la respuesta de su responsable fue clara: "Si nadie lo ha pedido antes y ha habido más madres, tampoco será tan difícil la situación, ¿no? Nos complicamos porque queremos" y ahí lo dejó.

La agenda de Sandra solía estar repleta de reuniones y el tiempo entre unas y otras no siempre era el que le hubiera gustado. Fue precisamente a esos pocos días de haberse incorporado cuando en una de las reuniones tuvo una subida de leche y comenzó a manchar su camisa. Ella no se dio cuenta hasta que notó posarse la mirada evitativa de sus compañeros sobre su pecho. En ese momento sintió tanta vergüenza que se disculpó y abandonó la reunión. Se fue al baño a realizar la extracción (lugar insalubre para ello). No había tenido tiempo en todo el día y estaba muy dolorida, además. En ese momento decidió que se acababa la lactancia materna, ya que hoy le había pasado con colegas, pero la siguiente vez le podía pasar con clientes o con proveedores y podía ser entonces mucho más embarazoso.

Esta es una de esas cuestiones que todavía parecen ser tabú en las organizaciones. Necesitamos normalizar cuestiones que las personas padecemos para que se les pueda dar la mejor solución posible. Sencillamente.

Cambios de residencia

Las mudanzas ya sabemos lo que son… y a veces pueden ser más fáciles que otras. No todo el mundo tiene la capacidad económica para encargar a una empresa de mudanzas para que se encargue de todo el trabajo y se ven teniéndolo que hacer por medios propios y todo el elevado nivel de estrés que ello conlleva, antes (en la preparación), durante (en el traslado) y después (en el acople).

Los convenios colectivos contemplan estas situaciones y quizá mejoran lo establecido en el Estatuto de los trabajadores. Hablamos de un permiso retribuido de un día como mínimo y, con suerte, otro más adicionalmente.

Sin embargo, siendo honestos, todos sabemos que, con uno o dos días, "la papeleta" no se resuelve y que las gestiones que se tienen que hacer muchas veces pueden requerir de más tiempo: ir a visitar nuevos colegios para los hijos, hacer trámites en el Ayuntamiento, estar disponible para las altas de suministros o instalaciones que haya que realizar, etc., es decir, las cosas mundanas a las que todos nos enfrentamos en algún momento.

Si en esos momentos facilitamos a la persona que pueda realizar los trámites necesarios pactando una forma de recuperación del trabajo para que no haya agravio comparativo con el resto, estamos contribuyendo con total probabilidad a que su nivel de estrés baje y no esté pensando "cómo puede escaparse" para hacer todas aquellas cosas que sí o sí ha de realizar.

En mi caso personal me mudé de localidad con toda la familia y dos niños pequeños. Lo hablé con quien entonces era mi jefe y le pareció bien que me tomara un par de semanas de permiso (sin sueldo) para poder realizarlo todo y acoplarme bien en el nuevo sitio (pudimos visitar varios inmuebles para alquilar, hacer ruta por diferentes colegios para hablar con los directores, realizar los trámites relacionados con la cobertura sanitaria, empadronamientos, etc.). No tuve ninguna objeción ni mala cara, al contrario, fue un: "No te preocupes, nos reajustamos en los proyectos en los que estás para cubrir tu ausencia". A mí esto me dio una tranquilidad muy importante y me permitió asentarme perfectamente para comenzar al 100% a partir del día en que finalizó mi permiso.

Quizá puedas pensar que, si yo pido un permiso sin sueldo, tampoco es que me estuvieran haciendo ningún favor. Bueno, déjame decirte que así es, sin embargo, algo tan básico no siempre sucede con esa normalidad y tolerancia como la que te he contado. Yo solicité el ejercer un derecho que tenía y me lo concedieron con toda la amabilidad y flexibilidad posible.

De esto se trata muchas veces: no es cuestión de que tengamos que hacer "regalos" o concesiones que generen agravio comparativo, se trata de dar lo que les corresponde a las personas sin hacer que se sientan mal por dicha concesión.

Matrimonio

Este es uno de esos eventos en los que el objetivo es no fastidiar el encanto del momento con comentarios fuera de lugar o salidas de tono. Si la persona ha cogido unos días de vacaciones para poder prepararse para su boda, hay que respetar ese tiempo de descanso. Ni qué decir de la luna de miel…, nadie debería ser tan imprescindible como para que no pudiera desconectar varios días seguidos… Si no es así, es que algo en el proceso previo de delegación / transmisión de conocimiento o información está fallando y, además, estrepitosamente. Así que asegúrate de dejar todo bien atado para "no arruinar" un momento tan especial. No querrás ser tú el causante del primer conflicto marital…, ¿verdad?

Recuerdo que hace años una persona me contó que no encontraba el momento de casarse, porque en el trabajo sabía que sentaría muy mal que lo hiciera. Que los días de permiso por matrimonio estaban mal vistos, pero que por otro lado no quería renunciar a ellos; así que estaba esperando a que las cosas cambiasen en el trabajo para poder dar el paso. Se sentía afortunada, porque su pareja lo comprendía… ¿De verdad es necesario llegar a una situación así de síndrome de Estocolmo? Es una situación totalmente real, ¡por muy sorprendente que pueda parecer!

Excedencia por cuidado de hijos

¿Recuerdas lo que te conté de Sara, cuando solicitó la excedencia, con la contestación que se encontró? ¿Cómo crees que se sintió cuando miró hacia atrás y vio todo el tiempo que había dedicado de su vida, fuera de horario, a la empresa frente a la contestación que recibió en ese momento? Probablemente se prometió a sí misma que, si volvía tras la excedencia, no iba a hacer más allá de lo justo y necesario para su posición mientras buscaba otro lugar en el que trabajar.

Un "simple" comentario puede romper todo compromiso. Digo "simple" porque seguramente, desde la perspectiva de ese mánager, no era más que eso. Pero desde la perspectiva de la persona... de simple tenía poco y de decepcionante e irrespetuoso, mucho.

También puedo contar un caso totalmente contrario como ejemplo de lo que sí se podría hacer.

> *Se trataba de una persona que no tenía la nacionalidad española, solo tenía la residencia y, por circunstancias legales, solicitar una excedencia era complicado por no tener el visado de profesional altamente cualificado. En su caso, quería una excedencia corta. Su mánager logró encontrar la forma de proporcionar a la persona todos esos días de manera legal para que pudiera disfrutar del cuidado de su bebé. Articuló una fórmula en la que proporcionaba una especie de bonus, el equivalente al 5% del salario bruto anual en canjeable por horas de trabajo las cuales se podían traducir en días de vacaciones. De esa manera, pudieron cubrir la necesidad de la persona que de otra manera hubiera sido complicado (no en el momento, pero sí después para la renovación de su visado).*

Es importante comprender que muchas personas sienten ese llamado vital de retirarse un tiempo para cuidar de su hijo. Es un acompañamiento a la maternidad o a la paternidad desde el respeto a la persona que se tiene enfrente.

Desafíos en la infancia o vida adolescente de los hijos

Hay momentos en la vida de los hijos que pueden requerir de una especial atención por parte de sus padres. Quizá tengan que estar realizando diversas pruebas médicas, o quizá tengan un retraso en el proceso de aprendizaje que no se considera enfermedad y que, por tanto, no está amparado legalmente para ausentarse en su puesto de trabajo, pero que sin embargo, como menor que es, necesita de esa presencia parental especial bien sea para llevarle a algún lugar especializado, bien sea para dedicarle el tiempo que necesite.

José Luis me contó que, durante la pandemia, su hijo tenía 3 años. En ese momento su mujer estaba trabajando fuera de España, por lo que el confinamiento le pilló solo con su hijo pequeño. Ya la propia ausencia de la madre le estaba costando al pequeño y la pandemia se vino a sumar al cúmulo de situaciones con las que el pequeño a su corta edad tenía que aprender a lidiar. La situación le sobrepasó y el pequeño no supo encajar todo aquello. Esto supuso que José Luis debiera tener una especial atención hacia su hijo. Si bien comenzó a llevar a su hijo a terapia, esto no era suficiente en un momento inicial. José Luis tenía que atender su trabajo y estar en constante alerta por su hijo, ya que no podía quedarse solo porque tendía a la autolesión, ni era capaz de entretenerse por sí mismo, demandaba y requería mucha atención.

La situación hizo que José Luis acabara presentando una baja voluntaria, porque en su empresa no supieron comprender la situación ni hacerse cargo de la necesidad de dar un paréntesis; simplemente le recordaban que su obligación era trabajar y lograr los objetivos "y que todos tenían hijos". Antes de marcharse, la situación de José Luis fue sabida por todos sus compañeros y la indignación de muchos de ellos fue palpable durante mucho tiempo dentro del área.

Recuerdo también otro caso en el que un conocido tenía una hija con un trastorno de alimentación. Esto suponía que tuviera que pedir constantemente permisos para poder llevar a su hija a diferentes especialistas y centros para ver si lograban dar con el profesional que pudiera ayudarla con la enfermedad. En su caso, la empresa sí le dio ese margen para que pudiera cuidar y proteger a su hija. Ahora piensa en todos aquellos que ven la situación como "una pérdida de tiempo y productividad para la empresa". ¿Cómo crees que ese padre o madre va a sentirse respecto al cuidado de su hija? No solo estará atravesando el valle del temor respecto a qué va a ser de su hija, sino que además se enfrenta a la pesada culpa de no poder estar a la altura de la situación para ayudarla.

Una vez más reitero: nadie debería ser tan imprescindible como para no poder atender cuestiones tan vitales como estas.

Siempre se pueden pactar formas de recuperar, en ningún momento planteo el que "se regale" tiempo (que, bien pensado, se podía hacer una bolsa de horas de gratificación anual para que cada uno las use como mejor le vengan).

Enfermedad crónica

Las enfermedades crónicas suelen llevar aparejado un mal compañero: el de la incomprensión en el medio y largo plazo, que no al inicio.

Al inicio sí suele mostrarse empatía y comprensión, pero en el medio plazo, muchas veces se tacha de "oportunismo" y a la persona se la tiende a mirar con malos ojos por parte de los compañeros, porque se la ve como la causante de generar más carga de trabajo para el resto y es ahí cuando los circuitos empáticos se cierran.

Realmente no ha cambiado nada en la situación de la persona. Las personas no escogemos tener enfermedades crónicas, las personas aprendemos a vivir con las enfermedades crónicas y todos los inconvenientes que llevan aparejados. Normalmente suele tener impacto en sus vidas de alguna u otra manera y en mayor o menor medida.

Por eso, en este caso, si estás tentado o tentada de hacer algún comentario a la persona que haga entrever que "ya estás con lo de siempre" contente y trata de ponerte en su situación, desde esa perspectiva humana. A veces tendemos a alejarnos de los otros para poder desvincularnos emocionalmente de lo que les sucede para poder actuar con mayor frialdad o para no tener que implicarnos. Puede ser un mecanismo de supervivencia puntual, pero, en ocasiones, se puede llegar a convertir en una característica de la persona y es en ese momento cuando los que la rodean empiezan a sufrir, porque no se sienten ni comprendidos ni apoyados, sino juzgados en el punto de mira.

> *Las organizaciones son o deberían ser ecosistemas. En un ecosistema, hay una rica biodiversidad que permite que la suma de las partes, hagan el todo.*

Esto supone que si alguien tiene un menor rendimiento porque físicamente se encuentra en una situación que le limita, el resto del ecosistema debería reabsorber esa reducción de rendimiento sobrevenido y seguir funcionando.

Fallecimientos de compañeros, familiares y/o amigos

Uno de los momentos más duros de la vida de alguien sin duda.

Uno de los momentos donde, si existen, normalmente se caen muchas máscaras, muchas imposturas y muchas fidelizaciones.

Ángel me contó que: "Durante toda la enfermedad grave de mi padre me negaron hacer teletrabajo en momentos puntuales como cuando estaba en el hospital o se levantaba en casa y no se encontraba bien; aun así, seguí apostando por hacer las cosas bien, hasta que caí por toda la presión de casa y del trabajo, con lo que me dieron la baja. Después de fallecer mi padre, cuando cogí el alta, me sacaron del cliente y me mandaron a una oficina solo y un tiempo sin ningún tipo de tarea ni saber qué iba a ser de mi futuro profesional".

Participación en eventos deportivos importantes

¿Vivimos para trabajar o trabajamos para vivir?, podría ser la pregunta. Fuera del trabajo, las personas pueden tener aficiones que sean de diferente intensidad y nivel de exigencia. Puede que incluso supongan un estilo de vida para la persona. Si bien pertenece a su esfera privada y no tendría por qué verse afectado el trabajo, en ocasiones sí es así, ya que participar en determinadas competiciones o prepararse para ellas puede requerir un cambio en sus rutinas diarias que afectan al trabajo.

La cuestión es valorar el coste de oportunidad de la situación: ¿qué implica que podamos ampliar la flexibilidad a esas circunstancias? ¿Que nos lo empiece a pedir todo el mundo? Ese es el temor que muchas veces está detrás de muchas no decisiones y no medidas.

Pero esto no debería ser una justificación, sino que debería ser un motivo para medir y acreditar que ser flexibles compensa a todas las partes.

Puedes establecer un programa de flexibilidad acotado a varias jornadas el cual cada uno pueda aplicarlo dentro de su contexto ideal:

Quizá yo no siento esta inquietud deportiva, pero sí tengo hijos en edad escolar con fiestas en mitad de curso y mal resuelto el cómo hacerme cargo. En ese caso, la persona agradecerá poder aplicar su programa de flexibilidad a esa jornada concreta, por ejemplo.

La estandarización de medidas se puede hacer desde la creación de una única medida para aplicar a todos por igual o el dar un margen de maniobra para que cada persona adapte la propuesta a su conveniencia.

Esto es personalizar.

> *La mejor forma de acertar en la personalización es preguntar directamente a la persona o darle ese margen para que ella misma lo proponga.*

Cada vez más medidas van en esta línea de personalización de la experiencia. El famoso "café para todos" es cosa del pasado.

Colaboración con terceros

Puede que las personas que gestionas, por el tipo de perfil que tienen, sean trabajadores del conocimiento a los que les pueda surgir la oportunidad de compartir sus conocimientos con escuelas de negocios o en eventos especializados del sector a un nivel personal.

Si esto ocurre, favorecer que la persona pueda expandirse en más áreas mediante estas colaboraciones, lejos de tener que suponer un problema para la compañía (¿va a dedicar menos horas?), va a suponer varias mejoras previsiblemente, siendo la más inmediatamente visible la que afecta a su motivación, ya que seguramente va a elevarse al estar haciendo algo que le gusta.

Divorcio/separación

Una de las situaciones más comunes y no por ello fácil, con las que nos podemos encontrar.

Todo proceso de separación y/o divorcio lleva consigo una sacudida de la persona que lo vive.

En estos casos, a veces, con simplemente mostrar empatía y comprensión con lo que el otro está viviendo, es más que suficiente, ya que como adulto está capacitado para resolver la situación, es decir, que preguntar no nos va a llevar a tener que asumir responsabilidades de nada. Pero cualquiera diría lo contrario, porque con la excusa de "no entrometerse" en la vida del otro, a veces, ni se pregunta.

Todos tenemos historias de éxitos y fracasos, historias que nos han marcado profundamente y que nos han hecho ser las personas que somos hoy. Por eso, cuando alguien se encuentra en ese momento vital, poder hablar de ello, oír historias de superación, palabras de ánimo y comprensión, es decir, recibir un aliento de esperanza, pueden ser muy importantes y realmente cuesta muy poco trabajo.

Estamos en una sociedad que está cambiando en ese sentido. Antes se trataba por todos los medios de ocultar lo que uno sentía y así evitar que nadie supiera nada de la vida personal de uno. Sin embargo, hoy, cada vez comprendemos más esa visión holística de la persona que somos y nos damos cuenta de que no se trata de negarnos a ser quienes somos, sino que se trata de normalizar los altibajos de la vida permitiendo que los demás sepan que nos encontramos en uno de esos momentos bajos para que, llegado el caso, puedan tendernos la mano.

Hay otros muchos momentos de la verdad. Seguramente ya a estas alturas tienes bastante claro el tipo de enfoque que podrías llevar a cabo para humanizar tu estilo de gestión cuando estés frente a un momento de la verdad.

Por hacer una simplemente mención de otros momentos, podría destacar aquellos relativos a la compra de una vivienda, a la petición de movilidad para crecer, cuando alguien está en terapia psicológica y necesita tiempo para asistir a su sesión, para aquellos casos en que haya tenido un accidente personal grave y esté convaleciente, para aquellos compromisos civiles o jurídicos que le pudieran surgir o para cualquier otro problema personal. Son infinidad de situaciones cotidianas las que están ahí y a través de las cuales tenemos esa gran oportunidad de o bien fidelizar o bien desencantar. El cómo se resuelven por parte del mánager o del área de personas puede hacer que todos los esfuerzos de fidelización previos queden en nada.

Me gustaría cerrar con un par de testimonios que unas personas me hicieron llegar a mi petición en redes sociales sobre sus momentos de la verdad:

"Mis momentos de verdad fueron después de sufrir *mobbing* en el trabajo. Me merecía bastante más que el maltrato al que fui sometida. Durante un tiempo decía: 'Mi sueldo elevado me paga/ me compensa el maltrato que sufro', porque no iba yo a trabajar en una empresa por un sueldo menor con este maltrato. Pero la verdad es que no hay sueldo que compense un maltrato. Así que dejé de trabajar en esa empresa. Y encontré otra donde me pagaban más y donde me trataban bien".

"En 2012, cuando me di de alta voluntaria tras una operación para poder entregar un proyecto, que corría prisa a la empresa para entregar una obra, e inmediatamente después de entregarlo me despidieron, no tuvieron ni la decencia de reconocer el esfuerzo que había hecho al darme de alta tras la operación".

Humanizar las organizaciones pasa por estar a la altura de muchos de estos momentos de la verdad. Pasa por atender los puntos de dolor, pasa por analizar las posibles decepciones que se han causado, pasa por hacerse cargo de las propias emociones y ver cómo transformarlas.

Pasa por permitirnos ser personas en los entornos laborales.

Hemos desmenuzado los problemas que afectan a las organizaciones, descubriendo que cada punto de dolor es una llamada de atención, un área que necesita ser atendida y transformada. Has aprendido a abordar los problemas de raíz, a desarrollar estrategias efectivas para superarlos y a convertir las dificultades en oportunidades. Pero la gestión de los puntos de dolor no es solo una cuestión de resolver problemas; es también una oportunidad para fortalecer la cultura organizacional y el liderazgo. Ahora es momento de pensar en el impacto que quieres dejar y en el legado que quieres construir.

En el siguiente bloque, profundizaremos en el legado que como líderes nos gustaría dejar, ser capaces de generar un impacto que trascienda los desafíos del presente y cree un futuro mejor para cualquier equipo y organización.

> *Porque liderar no es solo gestionar problemas, sino inspirar y transformar.*

PARTE V.
EL LEGADO DEL LÍDER

Llegamos a la parte final de este libro, donde exploraremos la verdadera trascendencia del liderazgo. El legado de un líder no se mide solo en términos de resultados financieros o proyectos exitosos, sino en la huella que deja en las personas y en la cultura de la organización. Este bloque te invita a reflexionar profundamente sobre el tipo de impacto que deseas tener y el legado que quieres construir.

En este trayecto de liderazgo, lo hemos denominado el **Humanistic Journey**. Un viaje que reconoce y pone en el centro lo humano: la empatía, la autenticidad y la conexión. Este recorrido no solo busca resultados visibles, sino que pretende dejar una impronta humana que inspire a otros. La esencia de esta Humanistic Journey radica en crear relaciones profundas y auténticas que se sostengan en el tiempo, en formar una comunidad cohesionada y comprometida con valores compartidos que reflejen lo mejor de nosotros mismos.

¿Qué quieres dejar para las futuras generaciones? ¿Qué valores y enseñanzas deseas que se mantengan vivos cuando ya no estés presente? A lo largo de esta parte del libro, nos enfocaremos en cómo puedes convertirte en un catalizador del crecimiento, formar a futuros líderes comprometidos y crear una cultura organizacional sólida y resiliente. Exploraremos cómo, a través del liderazgo con valores y el impacto positivo, puedes formar una comunidad que se inspire mutuamente y siga construyendo un futuro compartido.

Capítulo 12:
Humanistic journey
employee experience

Se habla mucho actualmente de la *employee experience* (experiencia de empleado). ¿Y si ampliamos el concepto para que esa experiencia del empleado sea desde una perspectiva humanística?

Esto es lo que al final ha pretendido este libro, que las personas de las organizaciones puedan vivir esa experiencia gracias al estilo de liderazgo de sus mánager y al suyo propio.

Ahora sí, estamos preparados para explicarte en qué consiste este **Humanistic Journey**. Pero antes de contártelo, era necesario explorar contigo el **para qué:** ¿para qué es importante adoptar un enfoque humanista y qué impacto puede tener en las personas y en la organización? Solo comprendiendo estas bases podemos pasar al **cómo implementarlo**.

Este modelo está diseñado para inspirar a las personas a encontrar significado en su trabajo y transformar equipos y organizaciones en espacios de crecimiento y excelencia humana. Cada etapa tiene un propósito único y está respaldada por acciones prácticas que no solo generan resultados, sino que también tocan el corazón de quienes las viven.

Vamos a descubrir cómo aterrizar un plan para Liderar, para Inspirar y Transformar: **el LIT Management puesto en acción a través de 7 etapas:**

Etapa 1: Bienvenida con propósito. Construyendo la base del compromiso.

Etapa 2: Conexiones transformadoras. Relaciones humanas y empatía.

Etapa 3: Crecimiento con significado. Fomentando el potencial individual.

Etapa 4: Equipos con alma. Creación de vínculos poderosos.

Etapa 5: Adaptación consciente. Gestionando los puntos de dolor.

Etapa 6: Innovación con impacto.

Etapa 7: El legado inspirador. Construyendo un impacto duradero.

Entremos a verlas en detalle:

Etapa 1: Bienvenida con propósito. Construyendo la base del compromiso.

Comienza por lo más básico: inspirar a los empleados conectándolos con el propósito organizacional y estableciendo una base sólida de pertenencia. Ayuda a cada persona a comprender cómo su trabajo contribuye al éxito colectivo y a un impacto positivo más allá de la organización, sal de la mirada microoperativa, ve a la mirada amplia aspiracional y compártelo para que los demás lo sientan también.

El primer paso en este viaje humanista es alinear a las personas con la misión, visión y valores de la organización de manera profunda y significativa. No se trata solo de explicar el "qué" y el "cómo", sino de **inspirar con el "por qué y el para qué"**, ayudando a los empleados a encontrar un propósito en su rol y a tomar la iniciativa para contribuir desde sus talentos únicos.

Acciones clave:

1. *Onboarding* **humanista:**

   - Diseña una jornada de bienvenida donde líderes clave compartan historias reales y emotivas sobre el propósito de la organización. Puedes hacerlo presencial o remoto. Si hay mucha rotación, haz una jornada mensual agrupando a todos.

   - Entrega un kit de bienvenida con elementos que reflejen la cultura y valores de la empresa, incluyendo mensajes de colegas y recursos para el desarrollo personal.

   - *Workshop* de Sikkhona, Ventana de Johari, Predictive Index, Modelo Bridge y autoevaluación: actividades para ayudar a los empleados a conocerse mejor a sí mismos y a comprender cómo es el equipo en el que se va a integrar.

   - Incluye actividades interactivas como un recorrido virtual por los logros de la empresa, destacando su impacto en las personas y en la sociedad.

   - Finaliza con un taller donde los nuevos empleados reflexionen sobre cómo su trabajo puede contribuir al propósito mayor. Es recalibrar la brújula.

2. **Talleres de propósito personal y profesional:**

   - Facilita ejercicios como la matriz IKIGAI para explorar la intersección entre pasión, habilidades y contribución al propósito organizacional y gestiona expectativas para que puedan comprobarse qué pueden desplegar dentro de la propia organización.

   - Invita a líderes inspiradores que compartan cómo encontraron propósito en su trabajo. Un buen *storytelling* obra verdaderas transformaciones.

- Proporciona herramientas digitales para que los empleados puedan mapear sus metas y su impacto. Visualizarlo
ayuda a ejecutarlo. Cada año debería realizarse este ejercicio.

3. **Mentoría de propósito:**

- Asigna mentores experimentados para guiar a los empleados recién incorporados, ayudándolos a ver cómo
su rol impulsa el impacto colectivo, que les ayuden a
ampliar su mirada.

- Introduce dinámicas grupales como "El mural del propósito" donde los empleados registren reflexiones sobre cómo su trabajo genera valor. Esto tiene el efecto
contagio: muchas veces las personas no son conscientes
del valor que aportan y cuando leen o escuchan a otros,
cambia su perspectiva.

4. **Encuentros interdepartamentales de conexión:**

- Organiza reuniones bimensuales donde equipos compartan cómo su trabajo contribuye al propósito mayor,
quizá un webinar con colaboraciones variadas.

- Introduce *shadowing days* para que los empleados expe-
rimenten el trabajo en otras áreas y encuentren nuevas
maneras de colaborar. Es "dejar de hablar" de la necesidad de empatizar para sencillamente lograr que empati-
cen.

- Diseña retos interdepartamentales enfocados en resolver
problemas significativos, inspirando la creatividad y la
innovación colectiva. Pueden ser unas jornadas anuales
revestidas de potente gamificación.

Etapa 2: Conexiones transformadoras. Relaciones humanas y empatía.

Busca inspirar a través de relaciones auténticas y transformar la cultura organizacional en un entorno donde la empatía y el respeto sean prácticas cotidianas que impulsen el bienestar colectivo. Un liderazgo transformador no puede existir sin relaciones humanas profundas. El foco está en fortalecer la conexión entre personas, fomentando un ambiente donde **la confianza y la empatía se conviertan en motores de inspiración y cambio positivo.**
Acciones clave:

1. **Talleres de comunicación empática y escucha activa:**
   - Diseña formaciones interactivas que incluyan simulaciones de escenarios laborales reales, como conversaciones difíciles o momentos de reconocimiento.
   - Evalúa y celebra los progresos en habilidades empáticas a nivel individual y grupal.

2. **Programa de Liderazgo consciente:**
   - Organiza talleres de gestión emocional y autoliderazgo. Imparte formación en técnicas de gestión emocional, autoconocimiento y comunicación asertiva para fortalecer la inteligencia emocional.
   - Elabora material de soporte como pódcast, webinars e infografías para seguir refrescando el conocimiento de manera constante.
   - Asegura entrenamiento en habilidades de *mentoring* y *coaching* para aquellos empleados que deseen convertirse en mentores, facilitadores o futuros líderes.
   - Coordina sesiones de reflexión y *storytelling* mediante la creación de espacios donde los líderes comparten sus experiencias personales de éxito y fracaso, y cómo han

aplicado los principios del liderazgo consciente en su vida profesional.

3. **Espacios seguros de reflexión colectiva:**
   - Implementa reuniones mensuales con un facilitador / dinamizador neutral, centradas en logros y aprendizajes colectivos (retrospectivas).
   - Utiliza herramientas digitales para recoger ideas o preocupaciones anónimas, mostrando que todas las voces cuentan.

4. **Actividades de *team-building* significativas:**
   - Diseña actividades como retiros de reflexión, proyectos de voluntariado o talleres creativos que refuercen el propósito colectivo.

Etapa 3: Crecimiento con significado. Fomentando el potencial individual.

Pon tu intención y energía ahora en inspirar a los empleados a alcanzar su máximo potencial y transformar sus habilidades en contribuciones estratégicas para la organización, conectando su desarrollo personal con el éxito colectivo.

En esta etapa, el liderazgo se enfoca en desbloquear el potencial individual y colectivo. **Inspirar el crecimiento personal y profesional no es solo una oportunidad, sino una necesidad para la transformación organizacional**. Este es el momento de ayudar a los empleados a descubrir nuevas posibilidades, asumir retos significativos y expandir sus capacidades.

Acciones clave:

1. **Rutas de aprendizaje personalizadas:**
   - Diseña itinerarios personalizados que incluyan capacitaciones, proyectos estratégicos y mentorías específicas.

- Introduce plataformas digitales que permitan a los empleados gestionar y monitorizar su progreso.

- Promueve reuniones periódicas con líderes para evaluar avances y ajustar los objetivos de desarrollo.

2. Proyectos retadores:

- Asigna proyectos que requieran creatividad y resolución de problemas. Un "marrón" es una gran oportunidad de aprendizaje siempre que se acompañe a la persona adecuadamente.

- Forma equipos multidisciplinares para fomentar la colaboración y la innovación. Cuando los crees, especifica el talento que cada uno aporta al equipo y cómo se complementan entre todos.

- Reconoce públicamente los logros y aprendizajes obtenidos en cada proyecto. Haz ceremonias, *mails* o entrega de elementos representativos.

3. *Hackathons* de innovación:

- Organiza eventos temáticos donde los empleados trabajen juntos para idear soluciones disruptivas a necesidades propias.

- Proporciona recursos como herramientas tecnológicas y tiempo dedicado exclusivamente al *hackathon.*

- Implementa las ideas más viables, asegurándote de reconocer y premiar a los equipos responsables.

4. Mentoría cruzada:

- Crea programas de mentoría en los que empleados *junior* y *senior* compartan conocimientos y experiencias (incluye el *mentoring* inverso).

- Introduce dinámicas como "Café con un mentor" fomentando encuentros informales.

- Evalúa el impacto de las mentorías mediante encuestas y testimonios.

5. **Comunidades de práctica:**
   - Establece espacios regulares para que empleados de distintas áreas debatan temas relevantes y desarrollen proyectos conjuntos.

   - Invita a expertos internos o externos para enriquecer las discusiones y aportar nuevas perspectivas.

Etapa 4: Equipos con alma. Creación de vínculos poderosos.

Desarrollar equipos donde la confianza, la gratitud y la colaboración sean la base, promoviendo un entorno de apoyo mutuo y pertenencia.

Acciones clave:

1. **Dinámicas de cohesión y valores compartidos:**
   - Realiza un retiro de valores y propósito del equipo. Jornada de trabajo fuera de la oficina para definir la visión, misión y valores del equipo, fomentando el sentido de pertenencia y la unidad.

   - Organiza sesiones de *feedback* 360° constructivo. Crea espacios donde cada miembro del equipo recibe *feedback* constructivo de sus compañeros, con un enfoque en el crecimiento y la mejora continua.

   - Lleva a cabo ceremonias de reconocimiento mediante eventos regulares donde se celebran los logros y esfuerzos del equipo, destacando comportamientos alineados con los valores y cultura organizacional.

2. **Implementación de momentos *Wow!* y ritual de gratitud:**
   - Crea un calendario de celebraciones para cumpleaños, aniversarios laborales y logros importantes de los empleados.

   - Fija un ritual de agradecimiento semanal donde los miembros del equipo agradecen públicamente a un colega por su ayuda, colaboración o cualquier acción destacable. Campañas de comunicación interna para promoverlo.

   - Establece un muro físico o digital donde se colocan mensajes de agradecimiento y reconocimiento a los miembros del equipo que han marcado una diferencia. También puedes crear un canal específico por ejemplo en Teams para ello y usar el objeto "Reconocimiento".

3. **Mirada sistémica y cultura de inclusión:**
   - Talleres de sensibilización y diversidad: formación en inclusión, sesgos inconscientes y la importancia de la diversidad en el equipo, promoviendo una cultura de respeto y apertura.

   - Sesiones de *storytelling* de vida: reuniones informales donde los miembros del equipo comparten historias personales significativas para fomentar la empatía y la comprensión mutua.

Etapa 5: Adaptación consciente. Gestionando los puntos de dolor.

Aquí se trata de equipar a los empleados con las herramientas necesarias para enfrentar y superar los desafíos del entorno empresarial, manteniendo el bienestar y la productividad.

Acciones clave:

1. **Diagnóstico y gestión de puntos de dolor:**
   - Mapea los puntos de dolor, haz encuestas periódicas y crea *focus groups* para identificar problemas y desafíos que afectan la productividad y el bienestar del equipo.

   - Organiza talleres de solución colaborativa mediante dinámicas en las que se invita a los empleados a proponer soluciones creativas a los problemas identificados, fomentando el sentido de pertenencia y colaboración.

   - Aterriza un plan de acción personalizado mediante la creación de estrategias específicas para cada equipo o individuo afectado, con seguimiento constante para evaluar el progreso y ajustar según sea necesario.

2. **Programas de resiliencia y salud mental:**
   - Forma comités interdepartamentales para diseñar y liderar iniciativas como campañas de salud mental o programas de ejercicio.

   - Facilita asesoramiento psicológico y *coaching* personal mediante servicios de apoyo psicológico y *coaching* profesional para ayudar a los empleados a manejar el estrés y los desafíos personales y laborales.

   - Organiza talleres y sesiones regulares de *mindfulness*, yoga y meditación para ayudar a los empleados a gestionar el estrés y mantenerse enfocados y tranquilos.

   - Elabora píldoras de conocimiento en torno al bienestar para entregarlas diariamente (cómo organizarse con más eficacia, la importancia de tomarse un tiempo para respirar, etc.).

   - Crea espacios seguros de escucha y descompresión donde los empleados puedan compartir sus preocupaciones y experiencias con profesionales o con sus pares.

Etapa 6: Innovación con impacto.

La finalidad no es otra que inspirar a los empleados para convertirse en agentes de cambio, utilizando la creatividad como herramienta para transformar los retos en oportunidades e impactar positivamente en la organización y la sociedad. Aquí hay un auténtico cambio de *mindset*.

En esta etapa, la innovación se convierte en el vehículo para llevar la inspiración a la acción. Se fomenta un entorno donde las personas se sientan seguras para experimentar y proponer soluciones disruptivas que generen un impacto real.

Acciones clave:

1. *Hackathons* **de impacto social:**
   - Define temáticas relevantes como sostenibilidad o inclusión.
   - Reconoce públicamente a los equipos con las ideas más transformadoras.

2. **Grupos de innovación interdepartamentales:**
   - Forma equipos multidisciplinarios para desarrollar prototipos y soluciones innovadoras. Reserva un tiempo de la jornada de las personas para que puedan realizar este tipo de iniciativas. Premia económicamente al equipo ganador.

Etapa 7. El legado inspirador. Construyendo un impacto duradero.

En esta última etapa, se busca empoderar a los empleados para que dejen una huella positiva en la organización, desarrollando un sentido de propósito y trascendencia en su trabajo diario.

Acciones clave:

1. **Programa de propósito y legado:**
   - Organiza talleres de reflexión personal y propósito donde los empleados reflexionan sobre su legado personal y

cómo desean contribuir al crecimiento de la organización y la sociedad.

- Proporciona oportunidades para que los empleados participen en proyectos comunitarios o iniciativas sociales que estén alineadas con los valores de la empresa.

- Crea espacios donde los empleados pueden compartir historias de cómo su trabajo ha hecho una diferencia en la vida de otros, reforzando el sentido de propósito.

2. **Ceremonias de celebración y reconocimiento:**

- Lleva a cabo ceremonias de despedida y reconocimiento mediante eventos para honrar a aquellos que dejan la organización, reconociendo su contribución y dejando abierta la posibilidad de futuros encuentros.

- Instaura premios de legado mediante un reconocimiento especial para aquellos empleados que han dejado una huella significativa en la cultura y el desarrollo de la organización.

- Crea el *Libro de legado del empleado*. Se trata de crear un compendio con las historias, aprendizajes y consejos de empleados veteranos para que las futuras generaciones puedan aprender de su experiencia.

3. **Círculo de mentores y comunidad de legado:**

- Crea una red de mentores retirados. Es una iniciativa para que antiguos empleados se mantengan conectados con la empresa como mentores, compartiendo su sabiduría y experiencia con las nuevas generaciones.

- Establece proyectos de *mentoring* intergeneracional: iniciativas donde empleados veteranos y novatos colaboran en proyectos conjuntos, intercambiando conocimientos y perspectivas.

Muchas ideas de las que te planteamos, para que ganen fuerza y se consoliden, requieren de la voluntad de los líderes para favorecer que sucedan, es decir, no dejarlo en último lugar, sino asegurar que las personas puedan llevarlo a cabo. Incluso, es más. Si quieres realmente que todo el mundo se comprometa con una transformación de este tipo, vincúlalo a los objetivos anuales (o trimestrales) de las personas.

Este sistema es un sistema en el que todas las partes ganan: la empresa, porque tiene un elevado compromiso de las personas y muchos de los problemas que suelen enfrentar, con medidas así, se subsanan automáticamente. Y ganan las personas, porque tienen la posibilidad de florecer en un entorno donde se ponen los medios para que así sea.

Como en cualquier proyecto de transformación, es necesario tener una visión clara, una planificación temporal bien definida y unos hitos específicos. Antes de iniciar, diseña una **fase inicial de preparación y diagnóstico,** que siente las bases para el éxito del modelo. Para ello empieza por organizar un comité de transformación con miembros clave, realiza encuestas de clima y *focus groups* para evaluar cultura organizacional, mapea competencias y necesidades de desarrollo, define objetivos y KPI para cada fase y, finalmente, diseña un plan de comunicación interno para alinear a todos los niveles de la organización.

Estos serían los primeros pasos que te van a sacar de donde estás y te van a empezar a conducir a donde quieres llegar. Todo se trata de ponerse en acción. Cometerás errores en el camino, es algo absolutamente normal y con lo que hay que contar. Dediqué cerca de 10 años a la gestión del cambio en organizaciones, por lo que sé de lo que te hablo. La vivencia de esta propuesta de implementación va a depender mucho del nivel de resistencia interna que te encuentres, por lo que habrá cosas que no terminen de funcionar en una primera fase y sea más conveniente plantear una segunda y tercera fase. Eso no significa que no lo estés logrando, significa que has de ser flexible para adaptarte a las circunstancias del ambiente que te rodea.

Lo importante es no perder nunca de vista la finalidad y el propósito que hay detrás de todo esto y recordar que hay que evaluar, iterar, evaluar, iterar y volver a iterar, tantas veces como la situación lo requiera con ese fin positivo y colectivo, en mente. Involucra al resto de líderes, haz que se mantengan alineados con este propósito.

Permíteme cerrar este capítulo diciéndote: empieza poco a poco, empieza rápidamente, empieza como tú quieras. Pero empieza. La transformación ya es una realidad, en tus manos está el formar parte de ella o quedarte fuera. Es una mera cuestión de tiempo. Tú escoges cuándo quieres llegar ahí y en qué condiciones.

Capítulo 13:
El legado que queremos dejar

Con este capítulo llegamos al final de este viaje que hemos recorrido juntos, un viaje que comenzó con la intención de explorar cómo el liderazgo puede ser transformador y profundamente humano al mismo tiempo.

Cada uno de nosotros, queremos expresar aquí el legado que queremos dejar para que sirva de inspiración a que tú te plantees el tuyo propio.

Por Eva Viedma

A medida que nos adentramos en una era de transformación impulsada por la inteligencia artificial, el papel del líder empresarial se redefine de manera profunda. La generación X, que ahora se encuentra asumiendo roles clave en el liderazgo, tiene la responsabilidad de ir más allá de los límites tradicionales de la gestión. Ya no es suficiente con ser un eficiente administrador de recursos o un experto en optimización de procesos. El verdadero desafío radica en ser un catalizador de cambio que apoye a las personas en su evolución personal y profesional.

El liderazgo humanista se erige como una respuesta necesaria ante este nuevo paradigma. No se trata simplemente de poner en práctica técnicas de gestión, sino de cultivar un entorno en el que las personas se sientan valoradas y comprendidas. En esta era de disrupción, donde la tecnología avanza a pasos agigantados, los líderes deben priorizar el bienestar emocional y psicológico de sus equipos. Esto implica escuchar, empatizar y ofrecer apoyo en momentos de incertidumbre. El legado que queremos dejar no se mide solo en términos de productividad o rentabilidad, sino en la calidad de las relaciones humanas que cultivamos y en el impacto positivo que generamos en la vida de las personas.

Para dejar un legado duradero, los líderes deben desarrollar una visión inclusiva que contemple la diversidad de experiencias, habilidades y perspectivas en sus equipos. La IA, si bien ofrece oportunidades sin precedentes, también presenta desafíos éticos y sociales que deben ser abordados con una mentalidad abierta y colaborativa. Fomentar un ambiente donde la innovación y la creatividad florezca no solo beneficia a la organización, sino que también empodera a los individuos a ser agentes de cambio.

La adaptabilidad se convierte en una habilidad esencial en este contexto. Los líderes deben modelar la resiliencia y la capacidad de aprendizaje continuo, fomentando una cultura en la que el error no se perciba como un fracaso, sino como una oportunidad para aprender y crecer. Este enfoque no solo facilita la integración de nuevas tecnologías, sino que también fortalece el sentido de pertenencia y propósito en los colaboradores.

En última instancia, el legado que buscamos dejar es uno que trasciende el tiempo y el espacio. Queremos ser recordados como aquellos que no solo gestionaron con eficacia, sino que también inspiraron y transformaron vidas. Un legado que se fundamenta en el respeto mutuo, la colaboración y un compromiso genuino con el desarrollo humano. Al mirar hacia el futuro, es esencial que cada uno de nosotros se pregunte: ¿qué tipo de líder quiero ser? ¿Qué huella deseo dejar en las personas que me rodean?

Así, el liderazgo humanista se convierte en un faro en medio de la niebla del cambio. Nos invita a reflexionar sobre nuestras acciones, a cuestionar nuestras motivaciones y a tomar decisiones que reflejen nuestro más profundo propósito. En este viaje, recordemos que, en última instancia, el verdadero éxito se mide no solo por los logros materiales, sino por la capacidad de inspirar a otros a alcanzar su máximo potencial. En un mundo en constante evolución, es este legado humanista el que perdurará y resonará a través de las generaciones venideras.

Hoy estamos ante una oportunidad histórica sin precedentes. Nos encontramos en la cúspide de una era en la que la tecnología, especialmente la inteligencia artificial, está redibujando los límites de lo que es posible. En un mundo que cambia a una velocidad asombrosa, la responsabilidad de quienes lideramos va mucho más allá de los resultados económicos; ahora tenemos el poder y la misión de transformar vidas, de inspirar y de ser agentes de un cambio positivo y duradero.

Estamos llamados a dejar un legado que trascienda el beneficio inmediato y que influya profundamente en cómo viviremos, trabajaremos y nos relacionaremos en el futuro. Esta transformación no radica únicamente en la innovación tecnológica, sino en el impacto humano que podemos generar al liderar con empatía, visión y coraje. Con cada decisión, tenemos la oportunidad de construir culturas de trabajo donde las personas se sientan valoradas, donde su bienestar y desarrollo sean prioritarios y donde sus ideas y talentos puedan florecer.

Este momento nos invita a asumir una misión más alta: ser los arquitectos de un mundo que integre a la tecnología con el desarrollo humano de manera armoniosa, ética y equitativa. Cuando lideramos con humanidad y autenticidad, no solo mejoramos los entornos laborales de hoy, sino que sembramos las semillas de un futuro en el que nuestras acciones inspiren a las próximas generaciones a seguir construyendo un mundo más justo, sostenible e inclusivo.

Hoy, cada uno de nosotros tiene la oportunidad de ser un líder transformador, un faro para otros en medio de la incertidumbre. Imaginemos el impacto que tendríamos si cada acción que tomamos buscara crear un entorno de respeto, de aprendizaje constante, de crecimiento y de propósito. Las generaciones venideras mirarán hacia atrás y, si hacemos bien nuestro trabajo, verán en nosotros a aquellos que cambiaron el rumbo del mundo hacia un futuro más humano.

Este es nuestro momento. Aprovechémoslo con optimismo, con valentía y con un profundo sentido de responsabilidad. No solo estamos liderando empresas; estamos forjando un legado que inspirará a generaciones, mostrando que sí es posible crear un mundo mejor, más consciente y más compasivo. Hoy, más que nunca, tenemos en nuestras manos la oportunidad de cambiar la historia y, juntos, podemos lograrlo.

Por Jaume Gurt

¿Cuántas veces has pensado o tomado conciencia del legado que quieres dejar en esta vida? Aunque parezca extraño, yo siempre he pensado que venimos a esta vida para algo más que estudiar, trabajar, ganar dinero, comprar cosas caras, tener poder, divertirnos, o simplemente tratar de sobrevivir. No puede ser que eso sea la VIDA (en mayúsculas), tiene que haber algo más, no tiene sentido.

Con el tiempo nació en mí la comprensión del legado: aquello material o inmaterial que todos dejamos a las personas con las que interactuamos durante la vida, y ahí se abrió para mí una ventana de oportunidad.

Yo llevo ahora mismo 9 años fuera de la dirección general de Infojobs, y cada vez que me encuentro con alguna de las magníficas personas con las que compartí ese tiempo y espacio, con las que crecí y tuvimos nuestros éxitos, con las que trabajando juntos logramos hacer de la empresa el genérico de empleo en España (85% de cuota de mercado), cada vez que nuestras vidas se cruzan de nuevo, me hablan de emociones, anécdotas humanas, de cosas que hicimos juntos, de dificultades que sorteamos, de relaciones y conversaciones, pero nunca de resultados económicos o estrategias. Todos hablan de experiencias humanas que con el tiempo han marcado un cambio en ellos o han tomado un nuevo sentido.

Hoy sueño por andar el camino de la vida mientras disfruto con lo que hago (lo que no significa que sea fácil, ni siempre agradable) logrando unos resultados que me permitan vivir (que no hacerme rico). En ese orden, sin lo primero no tiene sentido lo segundo y no es sostenible en el tiempo. Pero sobre todo, intento que mis acciones, y la forma que toman, dejen una huella en las personas con las que me cruzo (aunque sea pequeña).

No tengo a quien mejor agradecer y a quien siempre llevo en mi memoria, que aquellos que me han regalado su tiempo, su amor, sus conocimientos, en definitiva, todos aquellos que me han permitido aprender algo con sus palabras y actos, porque sin ellos yo no sería el mismo. Eso es una huella.

Y de ese modo ellos se vuelven inmortales en las personas en las que han influido, y a su vez estas con sus nuevas acciones lo harán con terceros. El círculo de la vida. He visto con orgullo como las semillas que se sembraron en Infojobs en 2009 cuando empezamos a hablar de felicidad efectiva han crecido en muchos de los que estaban, y como ellos, al salir de la empresa lo han llevado en versión mejorada a sus nuevos destinos. Eso es otra huella.

Cuando en 2009, al tomar la dirección general de Infojobs decidí transformar la organización en base a la felicidad efectiva (y lo conseguimos), mi mirada de la vida empezó a balancear resultados (las empresas están para eso) con la forma en que lo logran (ese dejar huella, ese querer a tus compañeros). Ahora me dedico a eso, a acompañar a personas, equipos y organizaciones en ese camino de felicidad (a otros les asusta la palabra y hablan de bienestar) que da resultados positivos en las personas y en los negocios. Hoy invierto mi tiempo para que el trabajo sea para las personas un lugar de crecimiento y de nutrición donde puedan ganarse la vida, a la vez que entregan resultados que hacen sostenible la empresa: el círculo de la vida. Entornos que cambian vidas y vidas que cambian empresas.

Tengo claro que el legado que quiero dejar está en las personas, y en el mundo de las empresas en el que he crecido, porque un día soñé con una empresa donde las personas pueden crecer humana y profesionalmente, donde se les escucha y se desarrolla el espíritu crítico positivo y constructivo, donde las personas estaban orgullosas de formar parte, donde se quiere a los compañeros y se ama a la empresa, donde se ofrecen retos que estimulan pero no ahogan, donde se comparten los aprendizajes y nos unimos en las dificultades, donde vida, trabajo y amistad se fusionan y se retroalimentan para el bien de las personas y de la empresa. Y con el tiempo vi que ese sueño se convertía en realidad, así que ahora escribo este libro con la ilusión de que ayude, inspire y prepare a otros, por eso mismo fui cofundador de la Fundación Capitalismo Consciente en España desde el que se comparte camino, por eso he sido 10 años mentor y *advisor* en la fundación Ship2B y aprender e impulsar la emprendeduría de impacto, por ello he creado la asociación para la gestión y desarrollo del talento AGDT.

Dar para recibir. La VIDA me ha tratado bien pensado así, de modo que así seguiré. Sin legado nuestra vida y nuestras acciones son efímeras, solo a través de la herencia de otros hemos logrado llegar hasta aquí como humanidad. Yo quiero contribuir también a ese futuro que ahora mismo se está sembrando y alimentando. ¿Quieres ser parte activa del futuro?

Detente por un instante y reflexiona sobre cómo te gustaría que te recordarán tus amigos, tus compañeros de trabajo, tus familiares: como el más rico del cementerio, como el más alejado, como el más humano, como aquel que… ¡Encuentra tu propósito!

Por Esther Castillo

Para coescribir este capítulo, solo puedo hacerlo cerrando los ojos y visualizando el futuro, sosteniendo con una mano la mente y con la otra el corazón.

Desde ahí, puedo pensar y puedo sentir el legado que me gustaría dejar.

Creo en la bondad humana, en la necesidad de afecto, en el potencial de las personas, en el deseo de disfrutar mientras trabajamos, en el poder de la fuerza de la colaboración, en el respeto, en la posibilidad de llevar tu autenticidad y hacer de la misma, una obra de arte. Creo en los sueños, en luchar por ellos, en aprender del error, en alimentar al niño interior hasta el último de nuestros días.

Y creo en la posibilidad de generar negocio sin tener que renunciar a nada de lo anterior.

Miro al futuro y visualizo entornos laborales profesionalizados y humanizados. Amables, atentos, comprensivos, equilibrados, diversos, empáticos, colaborativos, justos y receptivos. Veo a las personas más comprometidas que nunca, porque sienten el propósito, encuentran el sentido en su quehacer, se sienten reconocidas, vistas y sentidas. No hay necesidad de ponerse una máscara profesional seria, distante y dura para generar interacciones asépticas desapegadas de las emociones; lo veo todo mucho más genuino. Las personas están más conectadas con ellas mismas, saben expresar sus necesidades, saben negociarlas. Es un proceso natural, no hay miedo a exponerse, no hay temor a las represalias, porque se comprende la naturaleza humana y no se penaliza por tener emociones "humanas" a "humanos".

Miro al futuro y veo que la llegada de la IA nos ha hecho darnos cuenta de esa capa emocional que llevamos con nosotros y que se ha mantenido silenciosa, porque no "procedía" en el ámbito profesional. El imperativo de diferenciarnos de la IA la ha puesto en valor y ha sido la palanca que ha acelerado la humanización en las organizaciones.

El legado que me gustaría dejar es el cómo llevar a la práctica esa humanización que muchas personas ya están sintiendo como un despertar. Las viejas estructuras están cayendo y la confusión por la pérdida de identidad es el lugar al que deseo podamos llegar con este libro: que encuentres el modo de reconstruir esa nueva forma de hacer las cosas y concebir tu entorno. Que tengas tu hoja de ruta, que entiendas los comportamientos que sí y los que no y que te des permiso para probar, equivocarte y refinar.

Siento en lo más profundo de mi ser que el mundo que nos viene por delante es completamente diferente al que hemos vivido hasta ahora. Es momento de mirar más allá de los individualismos, los objetivos personales, la ganancia económica *per se* y abrirse a una concepción mucho más inclusiva desde todas las perspectivas posibles. Pero para ello, hace falta mucha consciencia de uno mismo y después mucha consciencia de los demás y del entorno social y medioambiental que nos rodea. Mirar al otro con amor, mirar al otro como un igual, comprender que no somos tan diferentes y, desde ahí, empezar a construir ese mundo nuevo que tantas personas están ya reclamando.

Cada día, desde hace muchos años, me levanto con un propósito en mente: "Evangelizar para lograr humanizar" y lo aterrizo con toda una serie de acciones. Es un propósito férreo, firme, consistente, potente y que me mantiene por un lado en pie en los momentos de ciclogénesis y me mantiene por otro lado anclada por los pies al suelo para ejecutar y anclada al cielo con las manos para no dejar de soñar. Si has llegado hasta este punto de lectura, estoy segura de que nuestras manos se están rozando por el cielo ahora mismo.

Quiero que por un momento te visualices a ti mismo en el centro de una sala de color blanco y totalmente vacía. Estás vestido de negro. El contraste con la sala es fuerte por ello. A tu lado hay una silla y sobre ella hay un uniforme. Ese uniforme es tu vieja identidad. Es el uniforme que cada día te pones para salir al mundo profesional. Míralo con detalle. ¿Realmente te gusta llevarlo? Cuando te lo pones por las mañanas, quizá te veas favorecido, pero esos botones… aprietan un poco y el diseño se ve ya anticuado. Sí, te da seguridad, lo sé, y te permite representar el personaje con el que te has acabado identificando, también lo sé.

¿Qué pasaría si empezáramos cambiando los botones? Podemos ir poco a poco hasta que llegue un día en que no necesites ningún uniforme para poder salir ahí fuera y te atrevas a hacerlo escogiendo tu propia indumentaria.

El legado que me gustaría dejar es que sientas que puedes tener acceso a ese nuevo estilo y te atrevas a salir un día a la calle con tu indumentaria renovada y libremente seleccionada. Cuando lo hagas, podrás construir entornos donde las personas inevitablemente florezcan.

Encuentra tu para qué, encuentra tu propósito de cambio, ajusta aquella brújula que te mencioné capítulos atrás. No esperes a que la transformación venga por una situación imperativa, hazlo tras haber mirado hacia adentro y, sobre todo, tras haber escuchado afuera.

¿Me permites que vaya descosiendo esos botones para que puedas reemplazarlos por los que tú escojas?

Pequeñas acciones para grandes transformaciones. ¡No lo olvides! El cambio, empieza en ti. Lidera, inspira y transforma…